« Christophe Colomb,
Découvreur du Nouveau Monde »

Détail d'une peinture à la Galerie
des cartes géographiques du Vatican, Rome

LE MYSTÈRE DES CARTES ANCIENNES

Du même auteur chez Talma Studios :

– *Le FBI, complice du 11 Septembre*
– *Géopolitique des cryptomonnaies* (co-auteure Nancy Gomez)
– *L'Arme climatique - La manipulation du climat par les militaires*
– *L'Arme environnementale* (à paraître)

Autres langues :
– *The FBI, Accomplice of 9/11*
– *The Mystery of the Ancient Maps*
– *El misterio de los mapas antiguos.*

Talma Studios
231, rue Saint-Honoré
75001 Paris – France
www.talmastudios.com
info@talmastudios.com
Image p. 2: © Shutterstock, Shippee

ISBN : 979-10-96132-17-1
EAN : 9791096132171

© Tous droits réservés.

LE MYSTÈRE DES CARTES ANCIENNES

Ces anomalies extraordinaires qui remettent
en question l'histoire de l'humanité

Patrick Pasin

4ᵉ édition

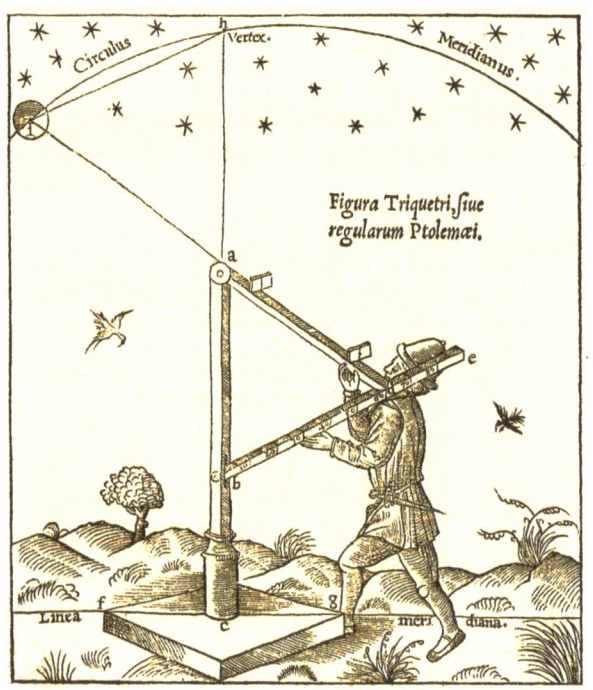

Sommaire

	Page
Introduction	9
Chapitre 1 : Les voyageurs arabes	15
Chapitre 2 : L'Antiquité	27
Chapitre 3 : Les premiers chrétiens	43
Chapitre 4 : La Chine	47
Chapitre 5 : Des cartes hors du temps	53
Chapitre 6 : Les portulans précolombiens	61
Chapitre 7 : Après la découverte du Nouveau Monde	77
Chapitre 8 : L'Antarctique	99
Conclusion	107

*Portrait d'un homme,
supposé être Christophe Colomb*,
tableau de Sebastiano del Piombo (1519)

Introduction

À partir de l'Antiquité, les hommes commencent à s'affranchir des distances et les océans cessent progressivement d'être des obstacles. Leurs cartes, en tout cas celles qui nous sont parvenues, sont à l'image de leur représentation du globe, à savoir parcellaires puisqu'elles se limitent aux trois continents connus, l'Afrique, l'Asie et l'Europe.

Puis arrive la fin du XVe siècle, qui constitue la rupture majeure et définitive : après la découverte de l'Amérique par les Européens, la représentation du monde ne sera plus jamais la même. Le monde non plus ne sera jamais plus le même.

Pour atteindre ce stade, il aura suffi d'une poignée d'années, qui précéderont et feront la Renaissance. Ainsi, en moins de cinq ans est contournée pour la première fois la pointe sud de l'Afrique, et l'Amérique est découverte. En un lustre, l'essentiel est donc fait, même s'il y aura d'autres étapes dans les grandes découvertes maritimes.

Voici les principales, classées par ordre chronologique, telles que les enseigne l'histoire académique :

1) Le contournement de l'Afrique

À la tête d'une flotte de trois navires, Bartolomeu Dias part de Lisbonne en août 1487 pour explorer les côtes africaines. En décembre, il atteint ce qui correspond aujourd'hui à la Namibie. Il poursuit son voyage vers le sud.

Surpris par une violente tempête, il est poussé par les vents de l'Atlantique et devient le premier voyageur européen à franchir la pointe sud de l'Afrique, qui sera dénommée le cap de Bonne-Espérance après son retour. Il continue de longer la côte est en remontant vers le nord, mais une révolte de l'équipage l'oblige à rebrousser chemin. Il revient à Lisbonne en décembre 1488, après plus d'un an et demi de voyage.

2) La découverte de l'Amérique

Il n'est pas nécessaire de détailler, tout le monde sait que Christophe Colomb a découvert l'Amérique en 1492. C'est un fait acquis, depuis longtemps indiscutable et indiscuté.

3) Les expéditions vers les Indes

Dix ans après Bartolomeu Dias, soit le 8 juillet 1497, Vasco de Gama quitte Lisbonne pour contourner l'Afrique et atteindre les Indes à travers l'océan Indien. Il accoste à Calicut, aujourd'hui dans l'État du Kerala, le 21 mai 1498, soit après dix mois de traversée.

Il effectue un deuxième voyage en 1502, à la tête d'une flotte plus importante composée de vingt-et-un navires.

S'ensuit un troisième voyage en 1524, mais Vasco de Gama meurt peu après son arrivée aux Indes, le 24 décembre.

4) Le contournement de l'Amérique

Fernand de Magellan, navigateur et explorateur portugais passé au service du roi d'Espagne, Charles 1er, qui deviendra le puissant Charles Quint, quitte Séville en septembre 1519, en direction de l'Amérique du Sud. L'objectif est de trouver un passage pour atteindre les Indes par l'ouest.

Après de nombreuses péripéties, dont une rébellion, un naufrage, une désertion… Magellan pénètre en octobre 1520 dans le détroit qui portera son nom et contourne ce qui sera nommé « la Terre de Feu ». Il débouche alors dans un océan, qu'il appelle « Pacifique », compte tenu du calme de ses eaux.

L'équipage fait voile vers le nord, en direction des Indes, mais Magellan ne les atteindra jamais : il est tué le 27 avril 1521 à la bataille de Mactan par les indigènes de cette petite île des Philippines.

Le *Victoria*, le dernier bateau de l'expédition, quitte l'archipel des Moluques, à l'est de l'Indonésie, le 21 décembre 1521 pour traverser l'océan Indien, franchir le cap de Bonne-Espérance, puis remonter vers l'Espagne.

Presque trois ans jour pour jour après leur départ, le 6 septembre 1522, les dix-huit membres d'équipage survivants atteignent la province de Cadix, devenant ainsi les premiers Européens à avoir effectué le tour du monde – ce que l'on désigne par le mot « circumnavigateurs ».

5) La découverte de l'Australie
Elle est attribuée généralement au lieutenant de la Royal Navy, James Cook, en 1770. En fait, elle aurait été découverte par l'explorateur portugais Cristóvão de Mendonça dès 1522, soit deux siècles et demi plus tôt. L'Espagnol Luis Váez de Torres aurait navigué au large de l'Australie en 1605, mais c'est le navigateur hollandais Willem Janszoon qui est, officiellement, le premier Européen à y avoir accosté dès le 26 février 1606, dans ce qui est aujourd'hui le Queensland, au nord-est.

6) Le tour de l'Amérique
Il faut attendre 1741 et Vitus Bering, explorateur danois au service de la marine russe, pour que les Occidentaux aient définitivement la preuve que l'Amérique et l'Asie sont deux continents distincts. Le détroit qui les sépare porte le nom de son découvreur officiel.

7) La découverte de l'Antarctique
Officiellement, le capitaine James Cook est le premier à franchir le cercle polaire antarctique (66° 33'), le 17 janvier 1773. Il se dirige même un peu plus vers le sud mais, bloqué par les glaces, il doit rebrousser chemin. Il réussit à descendre encore plus près du pôle l'année suivante, mais conclut qu'il n'y a pas de continent, seulement de la glace à perte de vue.

Il faut attendre presque quatre décennies supplémentaires et l'année 1820 pour que l'Antarctique soit considéré comme ayant été aperçu pour la première fois – « aperçu », pas même exploré. Cette année-là, le capitaine Fabian Gottlieb von Bellingshausen, de la marine du tsar Alexandre Ier, le capitaine Edward Bransfield, de la Royal Navy du roi George III, et le chasseur de phoques américain Nathaniel Palmer voient l'Antarctique, à quelques jours d'intervalle en janvier pour les deux premiers et en novembre pour le troisième. Bien que tous les historiens ne soient pas d'accord, c'est un autre chasseur de phoques américain, le capitaine John Davis, qui aurait posé le premier le pied sur le Continent blanc, le 7 février 1821.

En résumé, selon ceux qui écrivent l'Histoire de nos jours, l'Antarctique n'est donc connu que depuis le XIXe siècle.

Logiquement, l'évolution des cartes devrait correspondre aux principales étapes de ces grandes découvertes maritimes. Il est donc impossible de voir surgir l'Amérique sur une carte antérieure à 1492.

Pourtant, c'est l'une des nombreuses anomalies qui sont présentées dans ce livre. La plupart ont déjà été signalées par d'autres auteurs qui se sont étonné de ces cartes anciennes incompatibles avec la chronologie racontée par l'histoire académique, mais ils se sont vite fait décrédibiliser par les historiens « officiels ».

Alors pourquoi ne pas le vérifier par soi-même, puisque beaucoup de cartes anciennes sont consultables sur Internet, notamment via le site Wikimedia Commons ?

Au début de la recherche, les cartes étudiées ne présentèrent pas d'anomalie, jusqu'à tomber sur une première carte arabe du xe siècle. Le choc fut au rendez-vous, et, à partir de là, les surprises s'enchaînèrent, ce qui a conduit à ce livre et au documentaire *Le Mystère des cartes anciennes*, réalisé par l'auteur.

Il parait inconcevable que les historiens académiques n'aient pas effectué auparavant les mêmes constatations, puisqu'il suffit de regarder les cartes.

Qu'est-ce qui peut donc justifier leur silence ?

Est-ce parce qu'elles conduisent à la remise en cause non seulement de toute l'histoire des grandes découvertes mais aussi, en partie, de l'histoire de l'humanité ?

Et alors ? N'est-ce pas le travail de l'historien que de réviser et rectifier les erreurs et les inexactitudes de ses prédécesseurs ? Pourquoi donc ne le font-ils pas sur ce sujet significatif ? Sont-ils prisonniers d'un « dogme » officiel qui les empêche de seulement poser les questions aux réponses pourtant évidentes que donnent ces cartes[1] ?

Quoi qu'il en soit, c'est à vous maintenant de regarder, explorer le temps et parcourir les espaces légués par nos ancêtres. Vous n'en ressortirez pas indemne. D'autant plus que nous commençons par un coup de tonnerre. Et ce n'est que le premier.

---

1. Les cartes présentées dans le livre, y compris celles sous forme de croquis, peuvent toutes être consultées sur la plateforme Wikimedia Commons (https://commons.wikimedia.org) et, mieux encore, dans les départements et musées où elles sont conservées.

Chapitre 1

Les voyageurs arabes

1) Al-Massoudi

Abū al-Hasan ʿAlī ibn al-Husayn ibn ʿAlī al-Masʿūdī, connu sous le nom d'Al-Massoudi, naît à Bagdad à la fin du IXᵉ siècle et meurt en Égypte en 956. Historien et géographe, il écrit tout au long de sa vie une somme monumentale sur l'histoire et la géographie du monde, enrichie par ses multiples voyages, jusqu'en Asie. En effet, il visite l'Iran, l'Arabie, la côte orientale de l'Afrique, l'Inde, etc.

La plupart de ses livres, une vingtaine, ont été perdus, mais il en subsiste au moins deux : *Les Prairies d'or* et *Le Livre de l'avertissement et de la révision*.

Par conséquent, nous ne disposons pas d'éventuelles cartes qu'aurait pu dessiner Al-Massoudi, donc nous ne savons pas exactement comment il représentait le monde avant l'an 1000. Néanmoins, à partir de ses écrits encore disponibles, voici comment sa vision de la Terre a été reconstituée :

Comme chez la plupart des cartographes arabes de l'époque, le sud est positionné en haut. Retournons la carte dans le sens nord-sud.

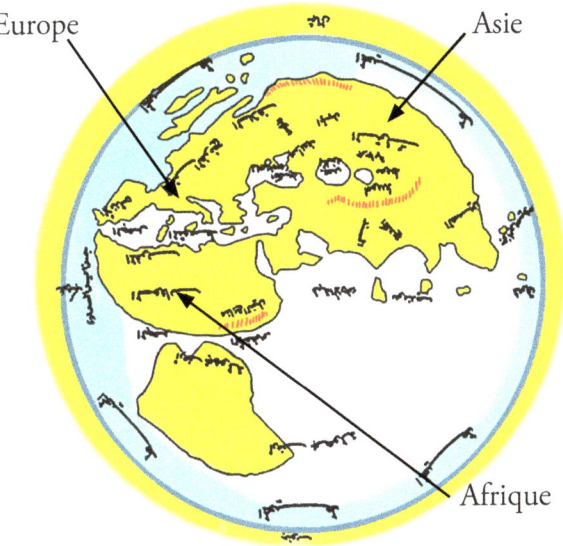

Nous distinguons l'Europe et l'Asie, puis l'Afrique en dessous de la Méditerranée.

Or, de façon surprenante, apparaît au sud de l'Afrique un quatrième continent, de taille presque identique.

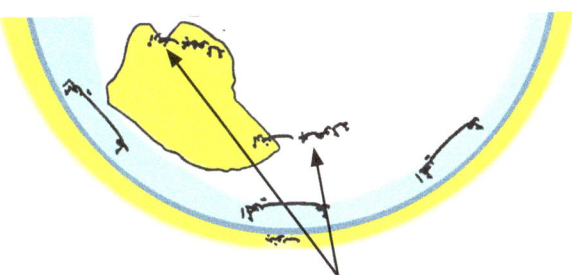

Ce texte en arabe signifie « Terre inconnue »...

Quel peut bien être ce continent ? Il existe seulement quatre possibilités : l'Arctique, l'Antarctique, l'Australie et l'Amérique. Compte tenu de leur position, de leur taille et de leur forme, il ne peut s'agir ni de l'Arctique, ni de l'Antarctique, ni de l'Australie. Il ne reste que l'Amérique. Évidemment, conclure qu'Al-Massoudi avait connaissance de son existence peut sembler audacieux par rapport à l'histoire officielle de sa découverte par Christophe Colomb cinq siècles plus tard. Alors présentons le principal texte qui permet d'aboutir à cette conclusion. Il est extrait de son livre *Les Prairies d'or et mines de pierres précieuses*[2] :

« C'est une opinion assez généralement répandue, que cette mer[3] est la source de toutes les autres mers. On en raconte des choses merveilleuses, que nous avons rapportées dans notre ouvrage intitulé *Les Annales historiques*[4], en parlant de ce qu'ont vu les hommes qui y ont pénétré au risque de leur vie, et dont les uns sont revenus sains et saufs, tandis que les autres ont péri. Ainsi, un habitant de l'Espagne nommé Khachkhach, et natif de Cordoue, réunit une troupe de jeunes gens, ses compatriotes, et voyagea avec eux sur l'Océan dans des embarcations qu'il avait équipées. Après une absence assez longue, ils revinrent tous chargés de butin. Au surplus, cette histoire est connue de tous les Espagnols. »

---

2. Traduit de l'arabe par Charles Barbier de Meynard et Abel Pavet de Courteille, Imprimerie impériale, 1861 (volume 1, p. 258).
3. L'océan Atlantique.
4. Livre disparu aujourd'hui.

C'est vers 889 que Khachkhach aurait effectué ce voyage, et, d'après Al-Massoudi, il ne fut pas le seul à risquer sa vie sur l'océan Atlantique pour partir vers l'Amérique, et à en revenir.

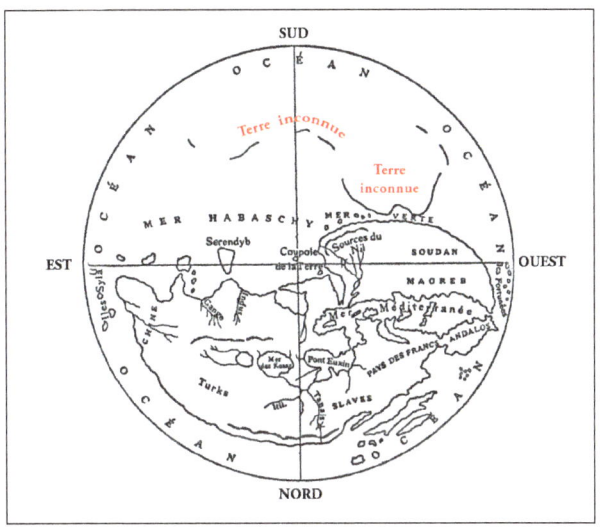

Une autre carte du monde reconstituée
selon les écrits d'Al-Massoudi,
montrant une « terre inconnue ».

Ainsi, il y a plus de mille ans, le monde musulman connaissait déjà l'existence d'un autre continent à l'ouest de l'Atlantique.

2) Ibn Hawqal

Mohammed Abul-Kassem ibn Hawqal est un personnage étonnant : il passe les trente dernières années de sa vie à parcourir l'Asie et l'Afrique, entre les années 943 à 969. En 977, il écrit son livre *Le Visage de la Terre*.

Après avoir tant parcouru le monde, voici comment il le représente (les océans sont en vert) :

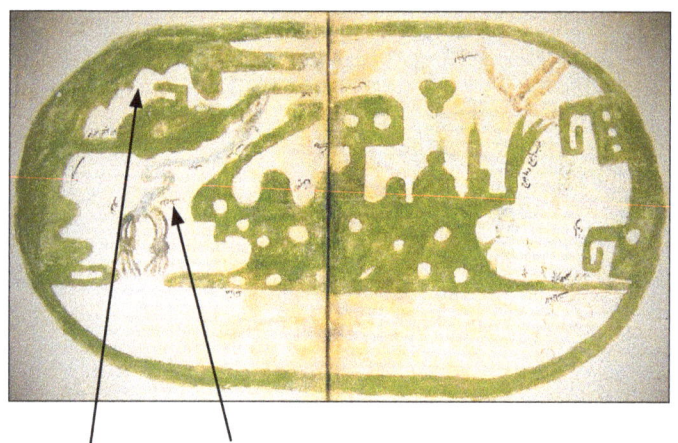

Il y a l'Europe, l'Afrique et le Nil, dont le monde musulman sait déjà qu'il a plusieurs sources, la Mecque, l'Asie :

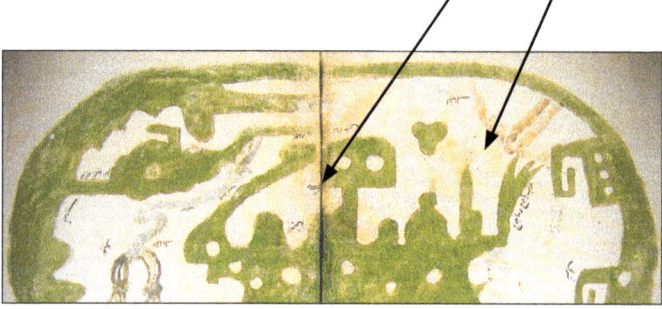

Et enfin, tout au bout à l'est, figure un continent aussi grand que l'Afrique. De plus, il est indépendant.

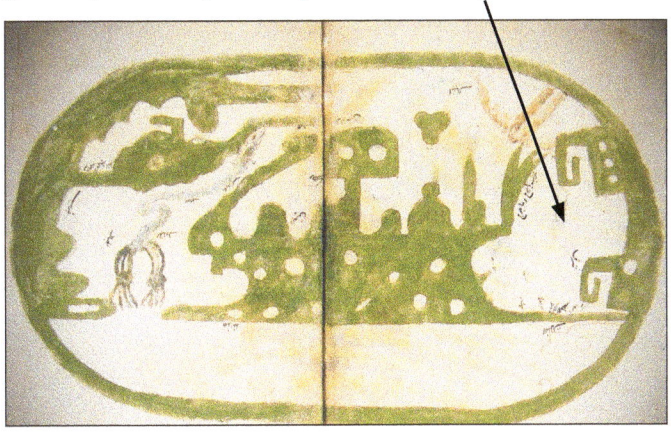

Peut-il s'agir d'autre chose que l'Amérique ? Avec les noms d'aujourd'hui, nous aurions :

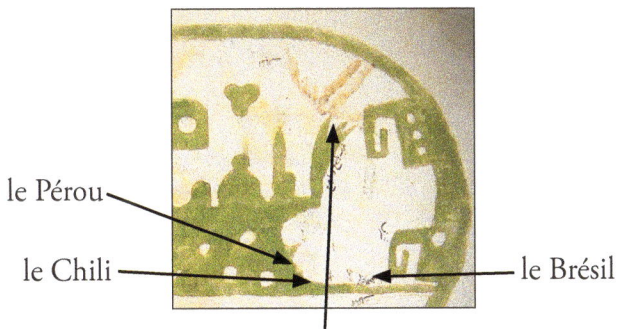

le Pérou

le Chili

le Brésil

la péninsule du Kamtchatka, avec les montagnes de l'est de la Sibérie. Ce sont d'ailleurs les seules montagnes représentées sur la carte, ce qui est étonnant : même s'il a beaucoup voyagé, il est difficile d'imaginer qu'il soit allé jusqu'au bout du continent.

Toujours avec les noms d'aujourd'hui, nous aurions aussi :

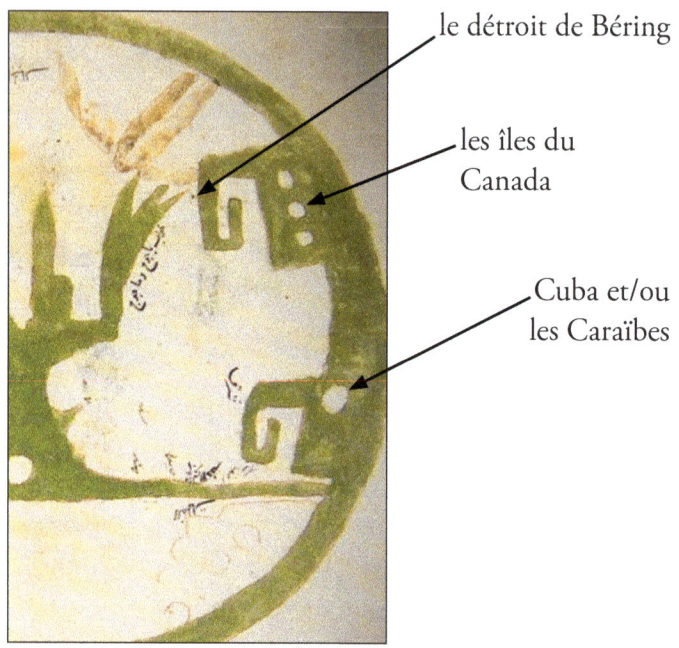

le détroit de Béring

les îles du Canada

Cuba et/ou les Caraïbes

L'Amérique représentée sur une carte arabe du Xe siècle ! N'est-ce pas incroyable par rapport à l'histoire officielle de sa découverte par Christophe Colomb, cinq siècles plus tard ? C'est une preuve supplémentaire que le continent était connu il y a plus de mille ans déjà.

Autre surprise, c'est ce texte qui semble postérieur, dont la traduction signifie « les ruines des Yajouj et des Majouj ». Ils sont les variantes arabes de Gog et Magog, les alliés du mal dans la Bible. Ainsi, ils sont positionnés en Amérique du Nord !

Ils figurent deux fois dans le Coran, notamment dans la sourate 18, dite « Sourate de la caverne ».

Dans cette sourate apparaît aussi un personnage appelé Dhul-Qarnayn, dont nous ne savons pas qui il est. Certains commentateurs émettent l'hypothèse qu'il s'agit d'Alexandre le Grand ou de Cyrus le Grand, fondateur de l'empire perse.

Ce nom de Dhul-Qarnayn signifierait littéralement « le possesseur de deux cornes ». Or Ibn Hawqal a dessiné deux cornes sur la carte. Dhul-Qarnayn était-il le maître mystérieux de l'Amérique ?

Autre impossibilité pour l'époque : Ibn Hawqal dessine l'Antarctique de façon assez proche des cartes modernes.

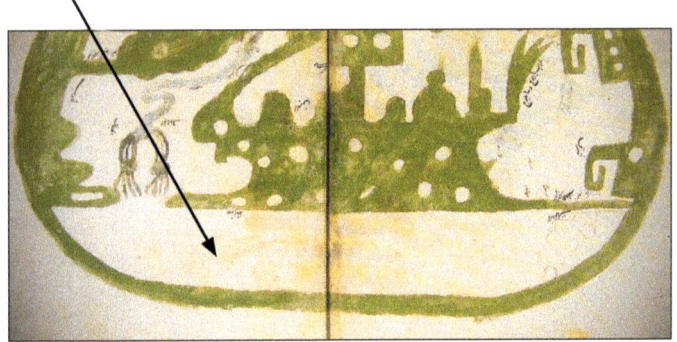

Signalons que l'histoire officielle affirme que ce continent ne sera aperçu que dans... 900 ans ! (cf. Chapitre 8). Qui a bien pu s'y rendre à l'époque d'Ibn Hawqal ou avant ?

Un autre élément nous frappe lorsque nous comparons les écrits d'Al-Massoudi et d'Ibn Hawqal, tous deux du Xe siècle : Al-Massoudi a connaissance de terres à l'ouest de l'Atlantique, tandis qu'Ibn Hawqal place le continent à l'est, comme sur les cartes d'aujourd'hui dessinées à partir de l'Asie :

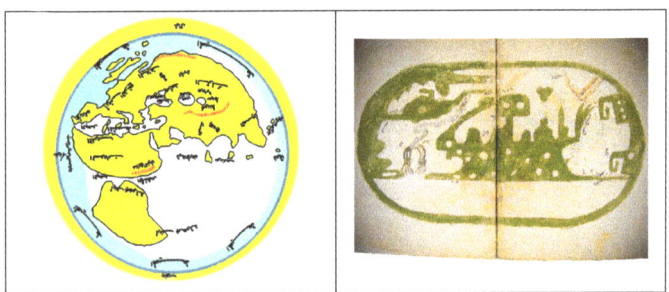

Cela implique que les deux voyageurs n'ont pas les mêmes sources, et, surtout, que le continent américain a été atteint et par la route de l'Atlantique et par celle du Pacifique !

Cela signifie aussi que le tour du globe a été effectué il y a plus de mille ans, et cinq cents ans au moins avant le premier voyage de Christophe Colomb.

Non seulement ces cartes prouvent que les deux océans ont été traversés, mais aussi que le tour de l'Amérique a été effectué, puisqu'elle est détachée des autres continents et que la partie sud est plutôt bien dessinée.

La carte d'Ibn Hawqal est même étonnante à d'autres titres, car il sait que le continent est indépendant de l'Antarctique, qu'il rattache, au contraire, à l'Afrique, le Nil prenant sa source entre les deux continents. Ainsi, à l'époque où est dessinée cette carte, le tour de l'Amérique a déjà été effectué, mais pas encore celui de l'Afrique. C'est évidemment incroyable. Pourtant, c'est sous nos yeux.

Des cartes plus anciennes ont-elles pu servir de source, au moins pour Ibn Hawqal ? Partons à leur recherche et commençons par étudier ce que nous réserve l'Antiquité.

Mohammed Abul-Qasim
ibn Hawqal

Miniature ottomane du XVIᵉ siècle représentant une sphère armillaire.

Chapitre 2

L'Antiquité

1) Babylone

Officiellement, l'une des plus anciennes cartes du monde que nous ayons en notre possession est d'origine babylonienne et date du Ve siècle avant Jésus-Christ. « Officiellement », car l'Antiquité nous réserve une énorme surprise venant d'une carte bien plus ancienne encore. Nous la présenterons à la fin du chapitre.

Découverte au sud de l'Irak à la fin du XIXe siècle, cette tablette d'argile babylonienne est conservée aujourd'hui au British Museum.

Figurent notamment Babylone, l'Euphrate et l'Assyrie, entourés par un océan circulaire.

Au-delà, il y a sept îles, d'après le texte rédigé en écriture cunéiforme.

Il est impossible de savoir ce que représentent exactement ces îles pour les Babyloniens, ni même si l'une d'elles est l'Amérique.

Quoi qu'il en soit, cette carte n'est manifestement pas la source de nos voyageurs arabes.

2) Anaximandre

Selon le Grec Eratosthène, le premier à dessiner une carte du monde fut Anaximandre. Nous pouvons raisonnablement considérer que l'avis d'Eratosthène était fondé, car il dirigea au IIIe siècle avant Jésus-Christ la fabuleuse bibliothèque d'Alexandrie, qui compta jusqu'à 700 000 livres au temps de Jules César. Il avait ainsi accès à tous les manuscrits, ou presque, connus dans le monde méditerranéen et au-delà.

Anaximandre est donc le premier auteur d'une carte dont le nom nous soit parvenu. Nous disposons même d'un bas-relief de l'Antiquité qui le représente.

Vivant au VIe siècle avant Jésus-Christ, il fut mathématicien, philosophe et géographe, et l'on dit qu'il eut Thalès pour professeur et Pythagore comme élève.

Voici la reconstitution hypothétique de la carte du monde selon Anaximandre – « hypothétique », car nous n'en avons plus d'exemplaire :

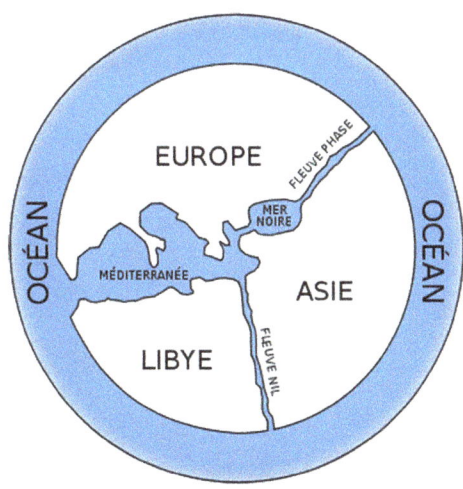

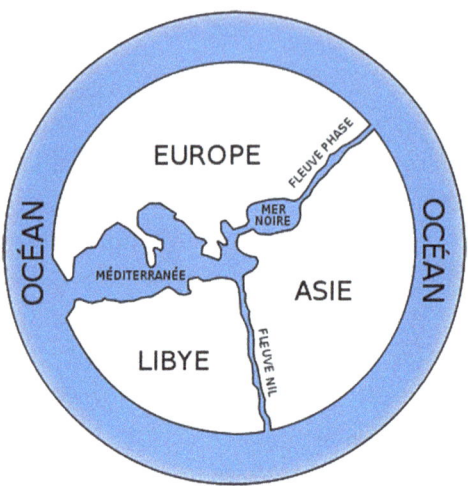

Nous distinguons trois continents : l'Europe, l'Asie et l'Afrique, appelée alors la « Lybie ». Ils sont séparés par la Méditerranée, le Nil et le fleuve Phase, qui correspond aujourd'hui au Don. Il n'y a pas de trace de l'Amérique, ni même des pôles.

Anaximandre n'est donc pas la source d'Ibn Hawqal. En revanche, plusieurs auteurs grecs s'inspirent de sa carte et l'affinent au fur et à mesure du temps.

Anaximandre

3) Hécatée de Milet, Hérodote et Eratosthène

Hécatée de Milet, né vers 550 et mort vers 480 avant Jésus-Christ, complète la carte d'Anaximandre notamment grâce à ses voyages en Égypte et en Asie. Les historiens le considèrent aujourd'hui comme l'un des pères de la géographie.

Quant à l'un des pères de l'histoire, Hérodote (né vers 484 avant Jésus-Christ et mort vers 420 avant J.C.), ses nombreux voyages lui permettent de dessiner ainsi la carte du monde connu par les Grecs à la fin du Ve siècle avant Jésus-Christ :

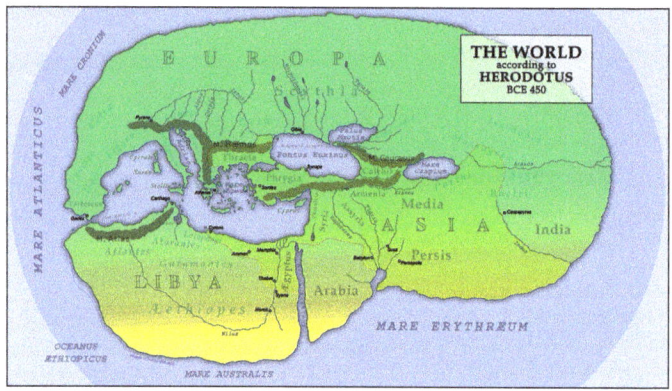

Les erreurs sont évidemment nombreuses : le Nil, par exemple, ne prend pas sa source dans les monts Atlas du Maroc d'aujourd'hui. Il faudra toutefois patienter encore deux millénaires avant que les diverses sources du Nil soient réellement connues.

Retrouvons Eratosthène, qui ne fut pas seulement directeur de la bibliothèque d'Alexandrie, mais aussi astronome, géographe, mathématicien et philosophe. L'un de ses travaux les plus étonnants est le calcul de la circonférence de la Terre, qu'il évalue à 39 375 km. Ce nombre est d'une précision remarquable, car elle est d'un peu plus de 40 000 km.

Il dessine une carte améliorée par rapport à celles de ses prédécesseurs, car il utilise des informations provenant des campagnes militaires d'Alexandre le Grand, qui est allé jusqu'en Inde.

Voici la carte reconstituée, car elle n'est pas parvenue jusqu'à nous. Les sources du Nil, cette fois, sont mieux localisées :

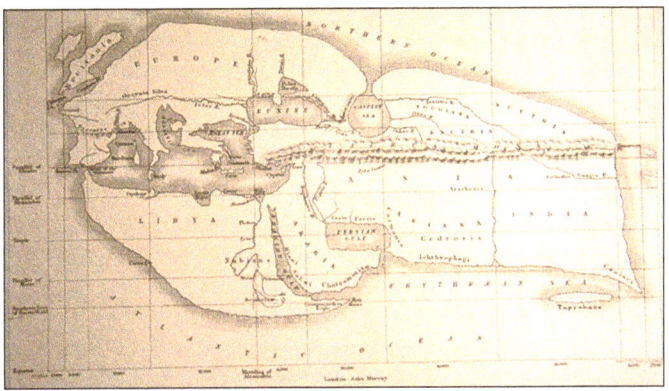

Eratosthène est le premier à avoir ajouté les parallèles et les méridiens, ce qui atteste de sa compréhension d'une terre sphérique.

Justement, qu'en est-il alors de la forme de la Terre ? Les premiers à avoir conclu qu'elle est une sphère seraient Pythagore et Parménide, autour du Ve siècle avant Jésus-Christ. Ainsi, contrairement à ce que l'on croit souvent, le monde antique savait déjà que la Terre est ronde et non plate.

Parménide la divise en cinq zones climatiques, qui seront reproduites par la suite, comme dans ce manuscrit du Moyen Âge :

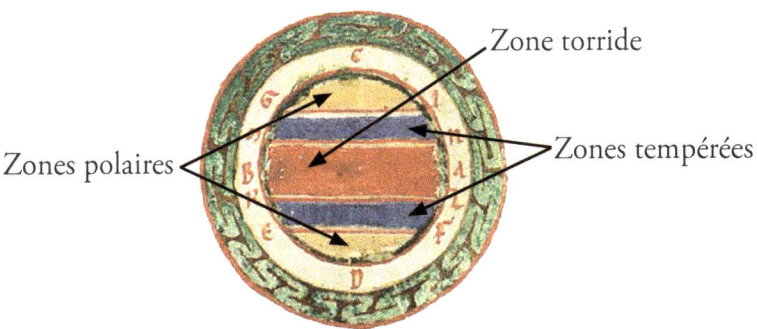

Les Grecs savent donc non seulement que la Terre est ronde, mais dès le IIIe siècle avant Jésus-Christ, Aristarque de Samos conclut qu'elle tourne non seulement sur elle-même mais aussi autour du Soleil. Il arrive à cette conclusion près de 1 700 ans avant Galilée.

4) Cratès de Mallos

Vers 220 av. Jésus-Christ naît en Grèce Cratès de Mallos, philosophe stoïcien réputé pour avoir construit le premier globe terrestre. En voici la reconstitution :

« Antoeci » désigne ceux qui vivent sous la latitude opposée par rapport à l'équateur.
« Perioeci » qualifie ceux qui vivent sous la même latitude mais sur le méridien opposé.

Quant à « Oecumene », il s'agit du monde considéré comme « civilisé ».

Cratès de Mallos reprend l'idée des zones climatiques de Parménide et considère que la partie torride est occupée par l'océan. De part et d'autre se situent les zones tempérées, habitées.

Et, par analogie, il conclut à l'existence de terres à l'ouest de l'océan, elles aussi habitées. On peut dire que Cratès de Mallos a découvert l'Amérique, mais par pur raisonnement. Il ne peut donc pas être la source des cartes de nos deux voyageurs arabes. En revanche, l'idée que des terres habitées existent au-delà de l'océan est désormais ancrée dans le monde grec.

5) Claude Ptolémée

Puis arrive Claude Ptolémée, dont l'influence sera, de loin, la plus importante des géographes de l'Antiquité, car elle perdurera jusqu'à la Renaissance.

Astronome et astrologue grec du IIe siècle après Jésus-Christ, il est considéré comme l'un des pères de la géographie. Son livre, intitulé *Geographia*, sera constamment recopié pendant plus de mille ans. Heureusement, car nous n'en avons plus de version originale.

Cette reproduction date du XVe siècle. Elle a été réalisée à partir des centaines de relevés que contient *Geographia* :

Cette carte présente de nombreuses erreurs, mais aussi des curiosités. Tout d'abord, nous constatons que l'océan Indien, appelé « Mare Indicum », forme une mer intérieure, comme la Méditerranée. Fait étrange, il est bordé au sud par la terre, ce qui pourrait correspondre à l'Antarctique, pourtant supposé encore inconnu à l'époque.

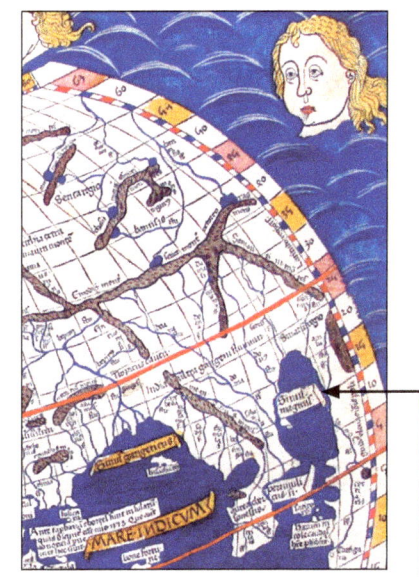

Mais ce qui est plus étrange encore, c'est que Ptolémée ajoute des terres de l'autre côté du Pacifique, appelé « Sinus Magnus » ou « Grand Golfe ».
Or, de l'autre côté du Pacifique, il y a l'Amérique ! Il la rattache à l'Asie, et dessine même des montagnes à l'ouest, comme s'il connaissait l'existence de la Cordillère des Andes. Mais l'on ne voit pas jusqu'où s'étend à l'est cette terre pour déterminer plus précisément ce dont il s'agit et pour conclure que Ptolémée est la source des textes et cartes arabes, d'autant plus qu'Ibn Hawqal a dessiné un continent indépendant de l'Asie.

6) La Table de Peutinger

Fils adoptif de Jules César, Auguste devient le premier empereur romain en 27 avant Jésus-Christ. C'est sous son règne qu'est créé le « cursus publicus », le service de poste qui assure les échanges officiels et administratifs au sein de l'Empire. D'une importance stratégique pour l'administration des provinces romaines et de l'armée, il s'appuie sur un gigantesque réseau de voies et d'étapes qui ne cesse de grandir avec la puissance de Rome.

Nous le connaissons aujourd'hui notamment grâce à un document extraordinaire intitulé « la Table de Peutinger ». Il n'en reste plus qu'un seul exemplaire, découvert en 1494 dans une bibliothèque allemande, puis donné à Konrad Peutinger, humaniste et amateur d'antiquités, d'où son nom de « Table de Peutinger ».

Cette copie aurait été réalisée au XIIIᵉ siècle par un moine anonyme. L'original daterait au minimum du IVᵉ siècle après Jésus-Christ, car y figure le nom « Constantinople », utilisé à partir de 330 pour Byzance. La partie ouest de la carte a disparu mais fut reconstituée par la suite.

La Table de Peutinger est donc extraordinaire déjà par ses dimensions : elle mesure plus de 6,80 m de long et est constituée de douze parchemins !

Elle est extraordinaire aussi car elle représente 200 000 km de routes, avec au minimum 555 villes et 3 500 autres noms de lieu. Elle couvre ainsi la totalité de l'empire romain, le Proche-Orient et s'étend jusqu'à l'Inde. Qui a pu réaliser une telle merveille à l'échelle de trois continents ? (cf. p. 40-41, car la carte est trop longue pour être reproduite d'un seul tenant.)

Elle se termine à l'est, avec l'Inde et le Gange :

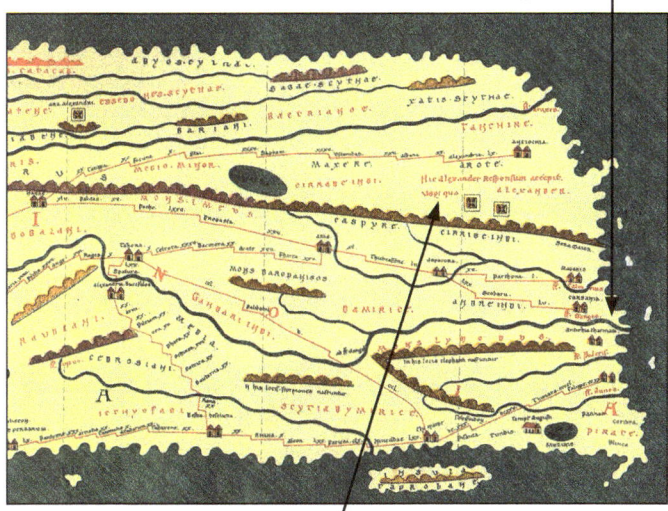

Au nord est signalée la plaque que fit graver Alexandre le Grand selon la légende : « Ici s'est arrêté Alexandre. » Elle marquait la limite du monde connu.

La Table de Peutinger aurait pu marquer aussi la fin de notre voyage dans l'Antiquité, où, à l'exception de Ptolémée, ce qui est déjà exceptionnel et ajoute encore aux mystères des cartes anciennes, nous n'y avons pas trouvé de trace de l'Amérique. Toutefois, une dernière carte provenant de l'Antiquité, d'origine égyptienne, reste à voir, car elle est incroyable. En attendant, présentons l'exceptionnelle carte de Peutinger sur les deux pages suivantes.

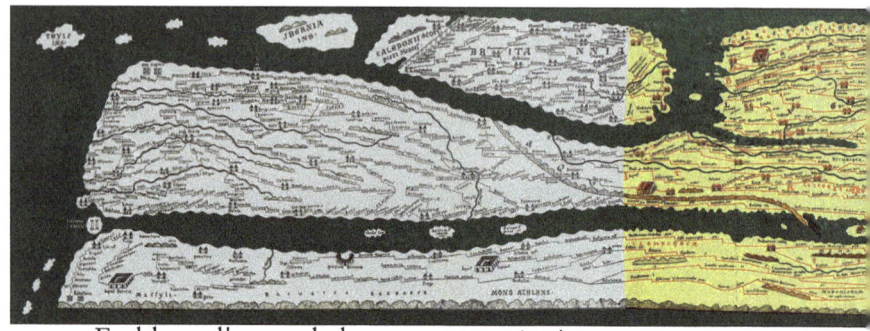

En blanc, l'ouest de la carte reconstitué.

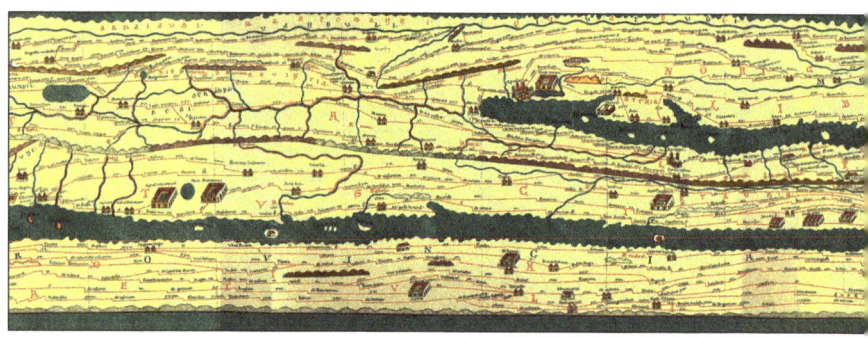

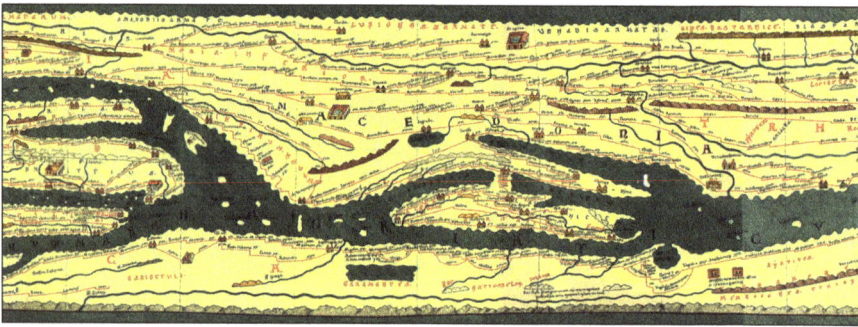

Antioche

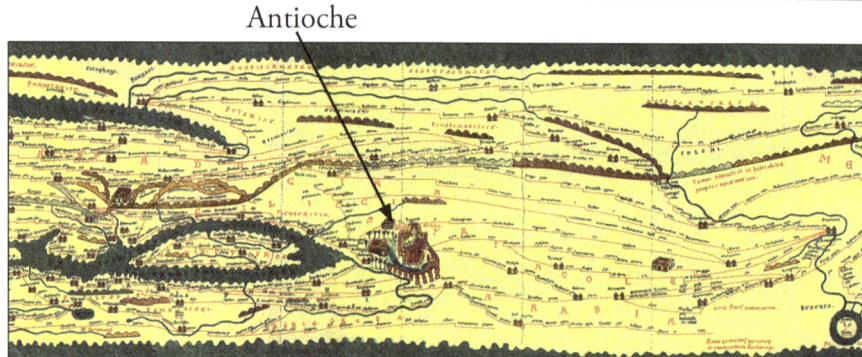

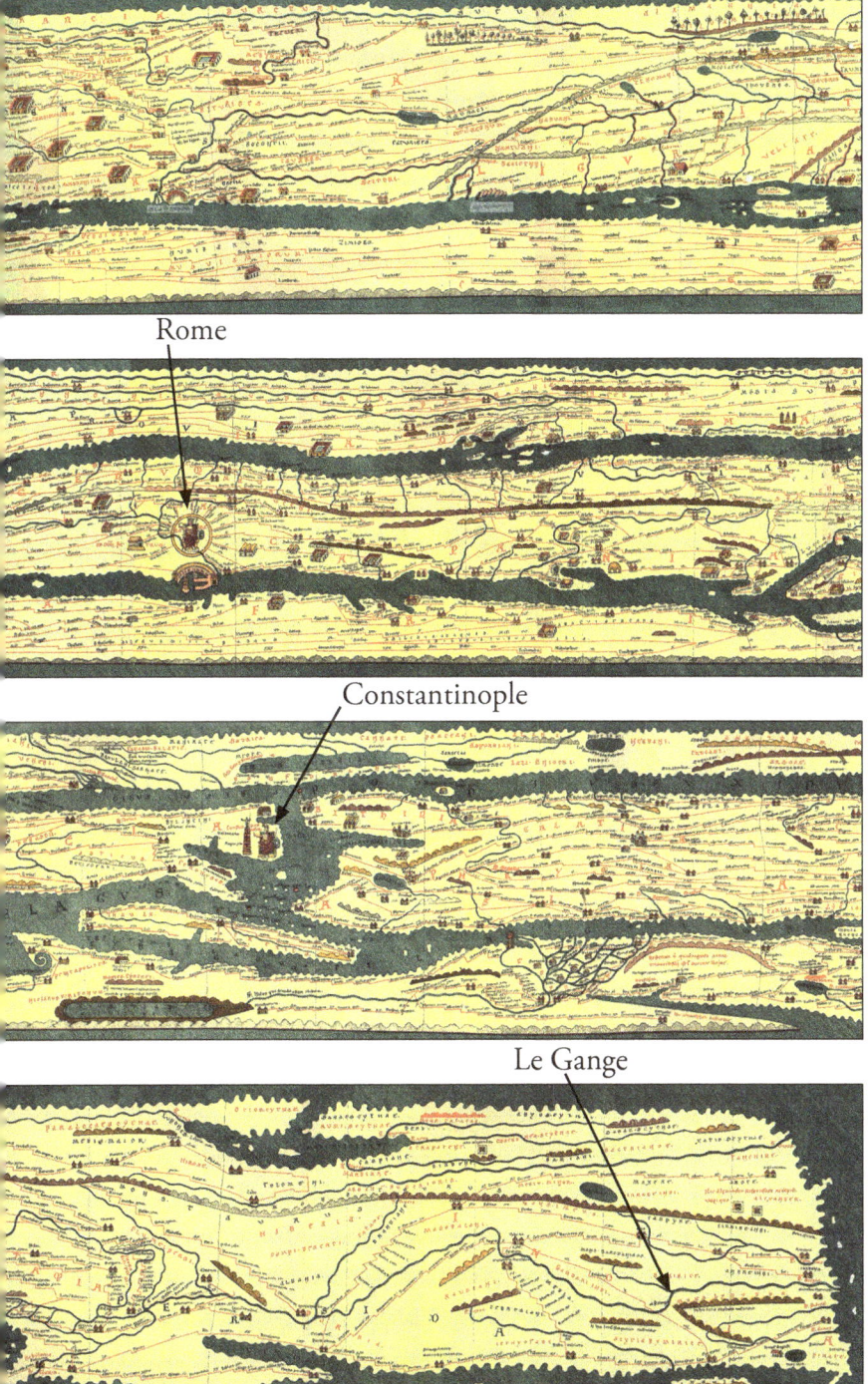

7) La tombe 100 de Nekhen

Cette carte est la reproduction d'une peinture murale découverte en 1898-99 dans la tombe n° 100 sur le site de Nekhen (ou Hierakonpolis, pour les Grecs), au sud de l'Égypte. Elle est datée de 3 500 ans av. J.-C. La tombe a disparu, mais des peintures sont conservées au Musée égyptien du Caire.

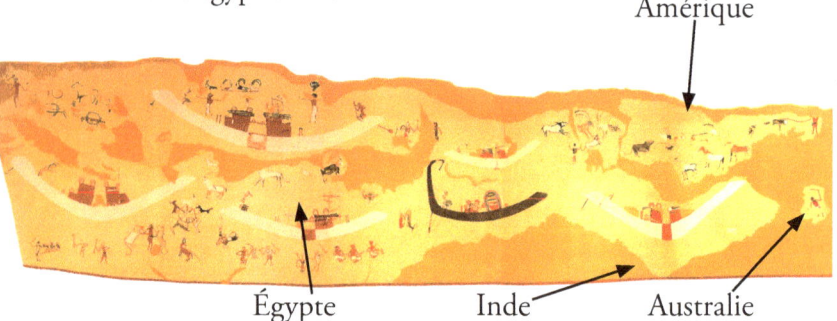

Image : Francesco Raffaele

Elle montre l'Amérique à l'est, comme sur la carte d'Ibn Hawqal. L'auteur sait que le continent n'est pas rattaché à l'Asie puisqu'y figure l'actuel détroit de Béring. Il ajoute l'Australie, pourtant officiellement découverte environ... cinq millénaires plus tard. Sa source reste mystérieuse.

Cela prouve que les Égyptiens connaissaient l'Amérique depuis longtemps, car cette fresque est datée d'environ **cinq mille ans** avant l'arrivée de Christophe Colomb. Ils en avaient manifestement aussi fait le tour.

Ni les voyageurs arabes ni les autres cartographes de l'Antiquité ne l'ont certainement jamais vue, étant donné qu'il s'agit d'une peinture dans une tombe. Nul doute, néanmoins, que ce savoir était partagé et qu'il s'est transmis à travers les âges, au minimum dans cette partie du monde. Jusqu'aux chrétiens aussi ?

Chapitre 3

Les premiers chrétiens

1) Saint Augustin
Étudions maintenant les cartes du monde chrétien. Elles vont aussi nous réserver quelques surprises. Commençons par saint Augustin, l'un des quatre Pères de l'Église catholique. Il vécut de 354 à 430 après Jésus-Christ et représente le monde ainsi :

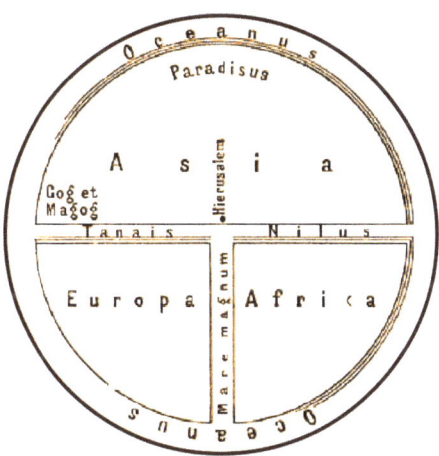

L'Asie est égale à la somme de l'Europe et de l'Afrique. Les continents sont délimités par la Méditerranée, le Nil et le Don, appelé « Tanais ». Jérusalem est au centre. Gog et Magog, les alliés du mal, sont en Asie. Le paradis est situé à l'est, en haut sur cette reproduction.

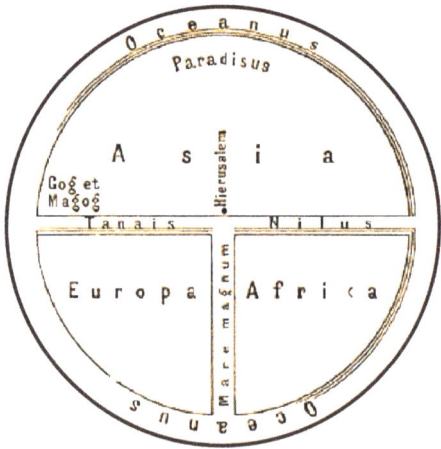

L'Amérique est encore loin.
Saint Augustin admet le principe de la rotondité de la Terre mais réfute la possibilité d'habitants aux antipodes. Ce type de représentation du monde sera conservé pendant plusieurs siècles. Manifestement, il ne peut être la source des cartographes arabes.

Trois versions de la carte, dont un manuscrit arabe

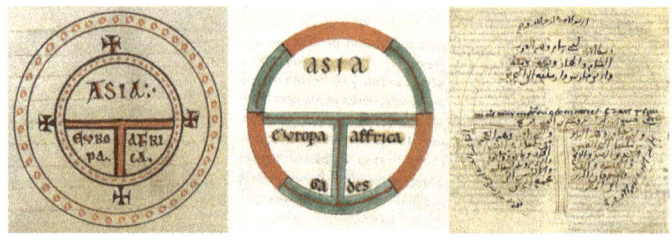

2) Beatus

En 776, le moine espagnol Beatus écrit le livre *Commentaire sur l'Apocalypse*. L'original a disparu, mais il existe encore une trentaine de reproductions et de versions réalisées pendant les quatre siècles suivants. Ce livre présente une carte du monde :

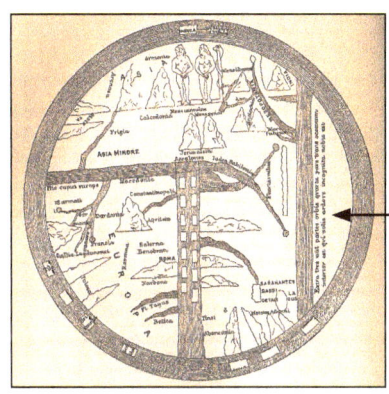

Il y a toujours trois continents, donc l'Europe, l'Asie et l'Afrique. Mais, ce qui est surprenant, c'est que Beatus ajoute un quatrième continent à l'est.
Le texte en latin dit qu'« en plus des trois parties de la Terre, il y en a une quatrième au-delà de l'océan intérieur, dont la chaleur du soleil nous est inconnue »[1].

---

1. « Extra tres aut partes orbis quarta pars trans oceanum interior est qui solis ardore incognita nobis est. »

Il est impossible de savoir quel est ce continent – ce peut être l'Amérique, l'Australie ou même l'Antarctique –, et d'où vient cette connaissance mystérieuse.

Ce livre exercera une influence profonde sur le monde chrétien pendant quatre siècles, mais les contours du quatrième continent sont trop imprécis pour envisager que Beatus ait pu être la source d'Ibn Hawqal deux siècles plus tard.

C'est peut-être même le contraire qui s'est produit : en effet, selon la plupart des historiens, Beatus est originaire de l'Andalousie, alors sous la domination arabe. Est-ce par les musulmans qu'il a entendu parler de ce quatrième continent au-delà de l'océan, ce qui expliquerait pourquoi il le place à l'est, comme sur la carte d'Ibn Hawqal ?

Quelle autre source, notamment chrétienne, pourrait-il avoir, puisque les Chrétiens commencent tout juste à parler de l'existence d'îles dans l'océan Atlantique, mais pas encore d'un autre continent ? D'ailleurs, ils vont continuer pendant plusieurs siècles de représenter le monde avec seulement l'Europe, l'Afrique et l'Asie.

Deux autres versions de la carte de Beatus

Chapitre 4

La Chine

L'empire du Milieu aussi eut ses cartographes. Allons voir s'il y a des traces de l'Amérique de ce côté du monde. Après tout, il y a juste un océan à traverser…

1) La carte Ming
C'est sous la dynastie Ming, c'est-à-dire de 1368 à 1644, que fut dessinée cette carte, sans autre précision quant à l'année exacte :

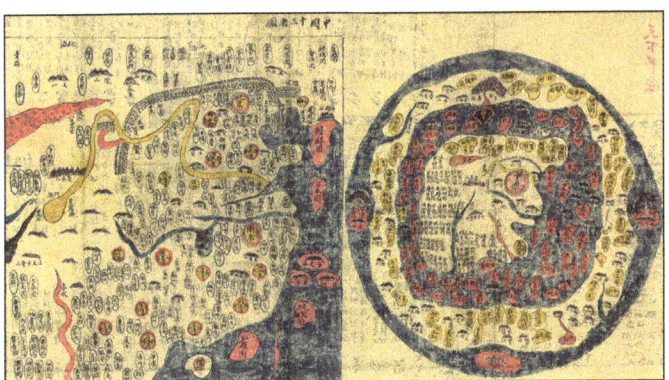

La partie gauche représente la Chine, celle de droite, le monde.

Elle ressemble beaucoup aux cartes européennes médiévales. Même la mer Rouge est peinte en rouge. Cette carte serait-elle la copie d'une carte européenne ?

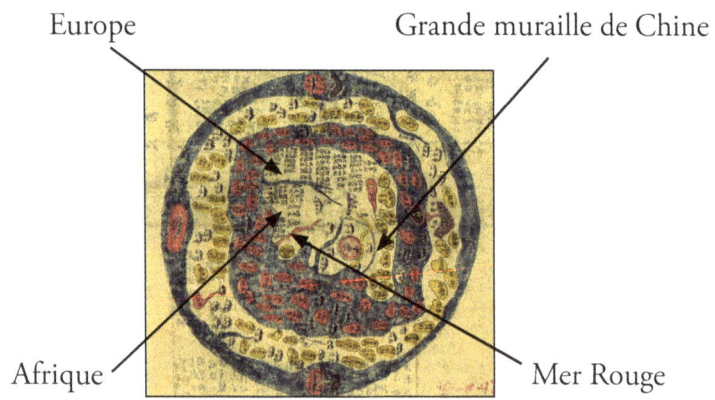

Europe — Grande muraille de Chine — Afrique — Mer Rouge

En revanche, ce qui les différencie, c'est la bande de terre autour du monde qu'ajoute la carte chinoise. À quoi peut-elle bien correspondre ? Aux côtes de l'Amérique, à l'Arctique et à l'Antarctique ?

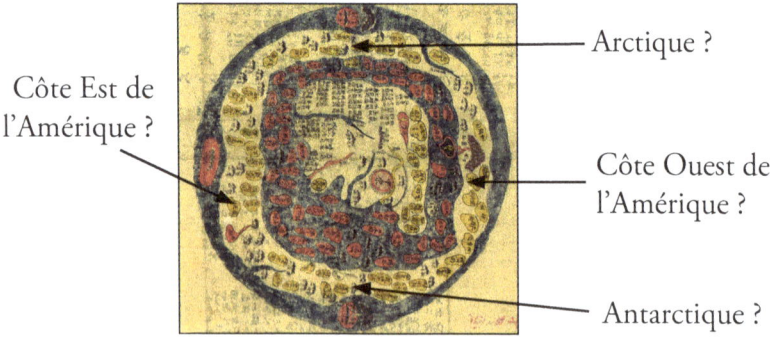

Côte Est de l'Amérique ? — Arctique ? — Côte Ouest de l'Amérique ? — Antarctique ?

2) La carte de Zheng He

Légendaire amiral chinois, Zheng He commanda sept expéditions maritimes de 1405 à 1433, jusqu'à l'Afrique de l'Est et la péninsule Arabique. Découverte en 2005, cette carte date de 1763 mais serait la reproduction d'une carte ancienne de 1418 ayant appartenu à Zheng He :

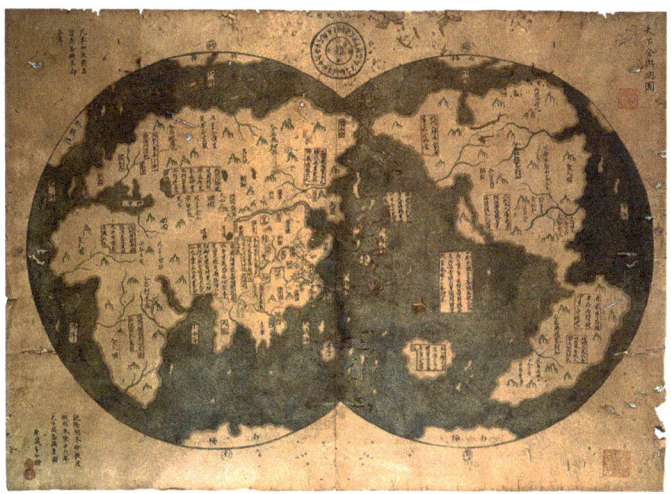

Tous les continents sont représentés, y compris l'Amérique, l'Australie, l'Antarctique. C'est impressionnant de précision, mais cette carte est considérée comme un faux. Même si les Chinois connaissaient l'Amérique bien avant Christophe Colomb, ce que nous montrerons par la suite, les cartes chinoises un peu antérieures ou postérieures que nous avons pu étudier (cf. page suivante) ne nous paraissent pas compatibles avec cette carte supposée de Zheng He. C'est donc probablement un faux, en tout cas pas une carte de 1418.

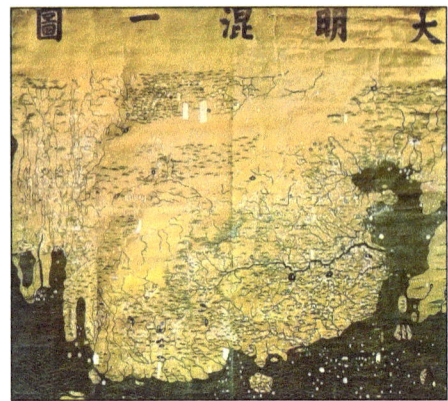

La carte
Da Ming Hun Yi Tu
1389

Carte du monde
1470

La carte
Sancai Tuhui
1607

3) La carte Sihai Huayi Zongtu

Cette carte chinoise datant de 1532 mérite que l'on s'y arrête :

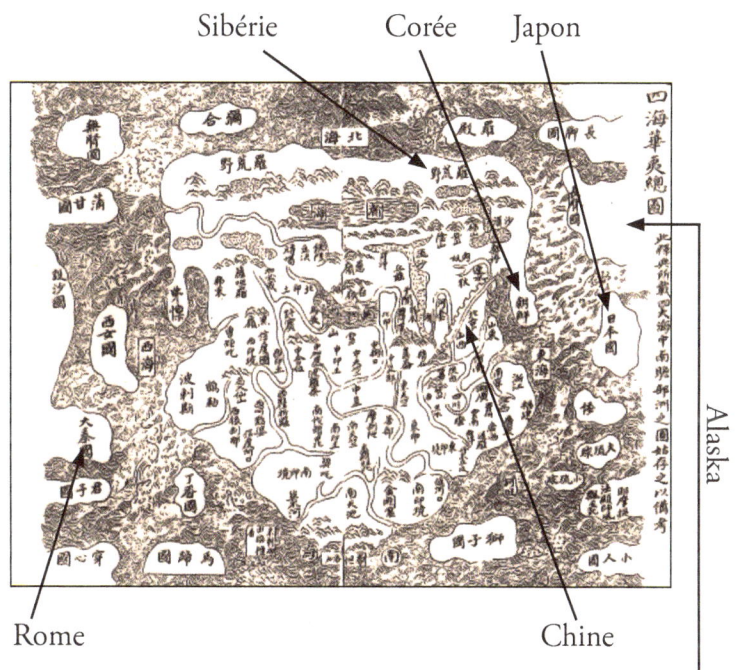

En face de l'Asie, de l'autre côté de l'océan, il y a une terre, qui ressemble, logiquement, à l'Alaska et à l'ouest du continent américain.

Mais ce n'est qu'au XVIIIe siècle, soit deux siècles et demi plus tard, que les Européens découvriront l'Alaska. Ainsi, la région est encore inconnue sur cette carte de 1670 du cartographe hollandais Frederik de Wit :

Les Chinois connaissaient donc cette partie du continent américain des siècles avant les Européens.

Chapitre 5

Des cartes hors du temps

1) La carte viking du Vinland
Elle est détenue par l'université Yale aux États-Unis depuis plus de cinquante ans, offerte par un ancien élève.
Censée reproduire un original du XIIIe siècle, elle est considérée comme la première carte connue montrant la côte de l'Amérique du Nord. Les Vikings seraient donc arrivés au Nouveau Monde plus de deux cents ans avant Christophe Colomb.

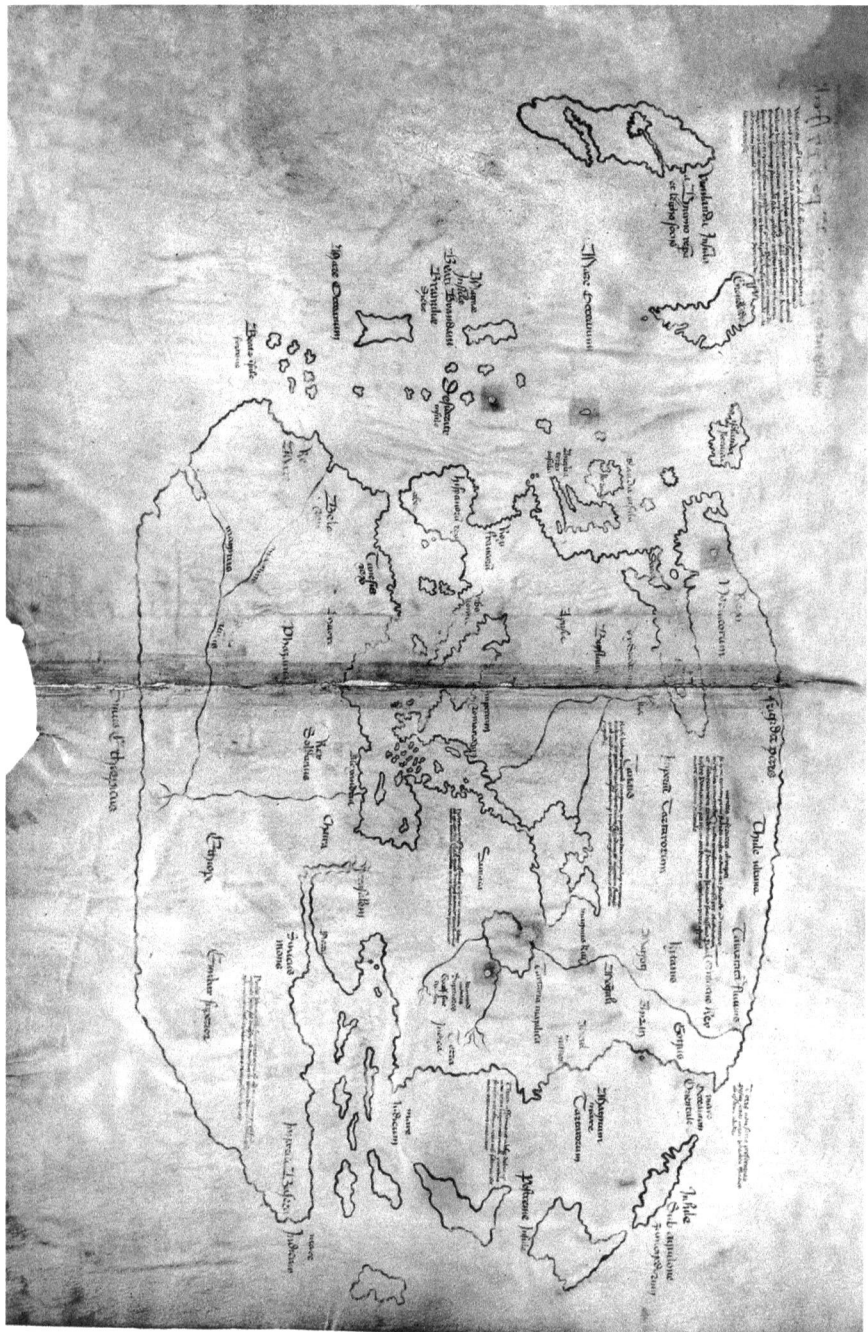

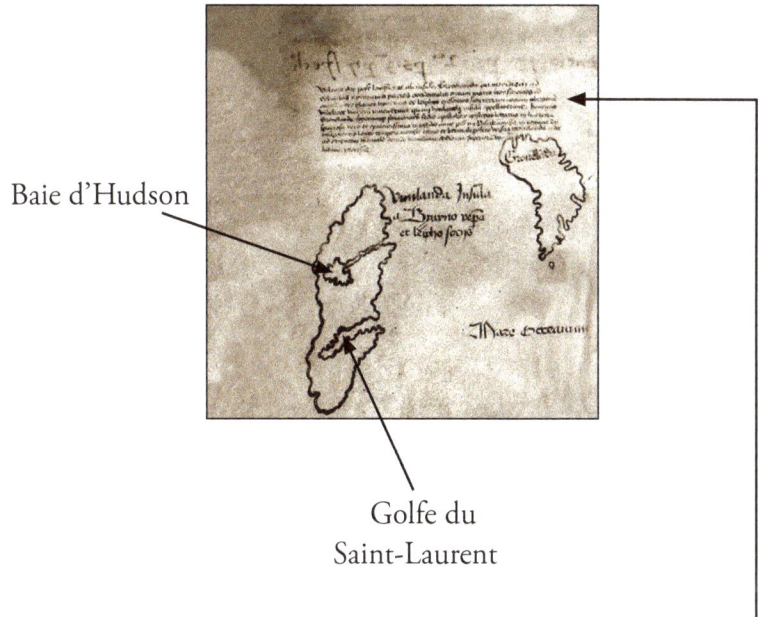

Baie d'Hudson

Golfe du Saint-Laurent

La légende écrite en haut à gauche de la carte dit :
« Par la volonté de Dieu et après un long voyage depuis l'île du Groenland vers les parties les plus lointaines de la mer océane de l'Ouest, naviguant au sud au milieu des glaces, les compagnons Bjarni et Leif Eiriksson découvrirent une nouvelle terre, très fertile et portant de la vigne [...] ils la nommèrent Vinland. [...] »

D'autres surprises figurent sur la carte, notamment une île à l'ouest de l'Atlantique presque aussi grande que l'Angleterre et portant le nom de « Branziliæ ». Elle fait évidemment penser au Brésil, ce qui est pourtant supposé impossible pour l'époque.

Des études considèrent que cette carte est fausse. Pourtant, l'archéologie a confirmé que les Vikings avaient établi une colonie sur les côtes de ce qui est aujourd'hui le Canada, environ cinq cents ans avant Christophe Colomb. Alors pourquoi n'auraient-ils pas dessiné une carte, que ce soit celle-ci ou une autre, d'ailleurs ? Et pourquoi ne seraient-ils pas progressivement descendus plus au sud du continent ?

2) La carte de Lucas Brandis

Quoi qu'il en soit, les sagas nordiques vont inspirer le Moyen Âge occidental, au moins jusqu'au XVe siècle et cette carte de Lucas Brandis, éditeur et typographe allemand.

Datant de 1475 et présentée dans la monumentale histoire du monde intitulée *Rudimentum novitiorum*, elle est la première carte du monde imprimée – Gutenberg a inventé l'imprimerie une vingtaine d'années auparavant.

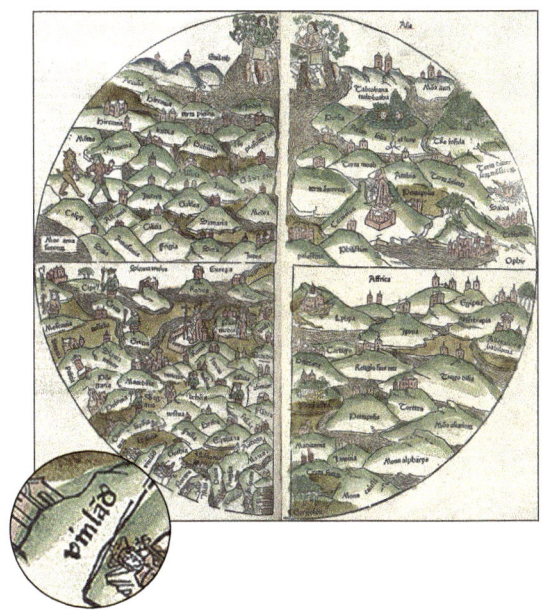

Cette carte de Lucas Brandis nous a réservé une surprise de taille : en effet, un petit bout de l'Amérique est dessiné dessus, puisque y figure le Vinland, soit dix-sept ans avant le voyage de Christophe Colomb !

3) Marco Polo

En 1935, Marcian Rossi, un marchand à la retraite, offre à la Bibliothèque du Congrès des États-Unis une carte qui, selon lui, proviendrait d'un de ses ancêtres ami de Marco Polo. Elle aurait appartenu à Marco Polo lui-même et daterait donc du XIIIe siècle.

Le FBI effectue des analyses aux rayons ultraviolets à partir de 1943 et découvre qu'il y a trois niveaux d'encrage, c'est-à-dire que trois dessins ont été superposés.

Nous reconnaissons l'Asie à gauche, l'Alaska et les côtes de l'Amérique du Nord à droite. Sont même représentées les îles Aléoutiennes, qui forment un demi-cercle sur 1 900 km.

Les noms des lieux sont inscrits en arabe, il y a un texte en chinois ancien et un en vénitien, en bas à gauche de la carte.

Alors, même si cette carte n'a pas appartenu à Marco Polo et qu'il n'est pas allé en Amérique, c'est néanmoins une preuve de plus que le continent était connu en Asie des siècles avant 1492. C'est même logique, puisque seulement un peu plus de 80 km séparent l'Asie et l'Amérique via le détroit de Béring.

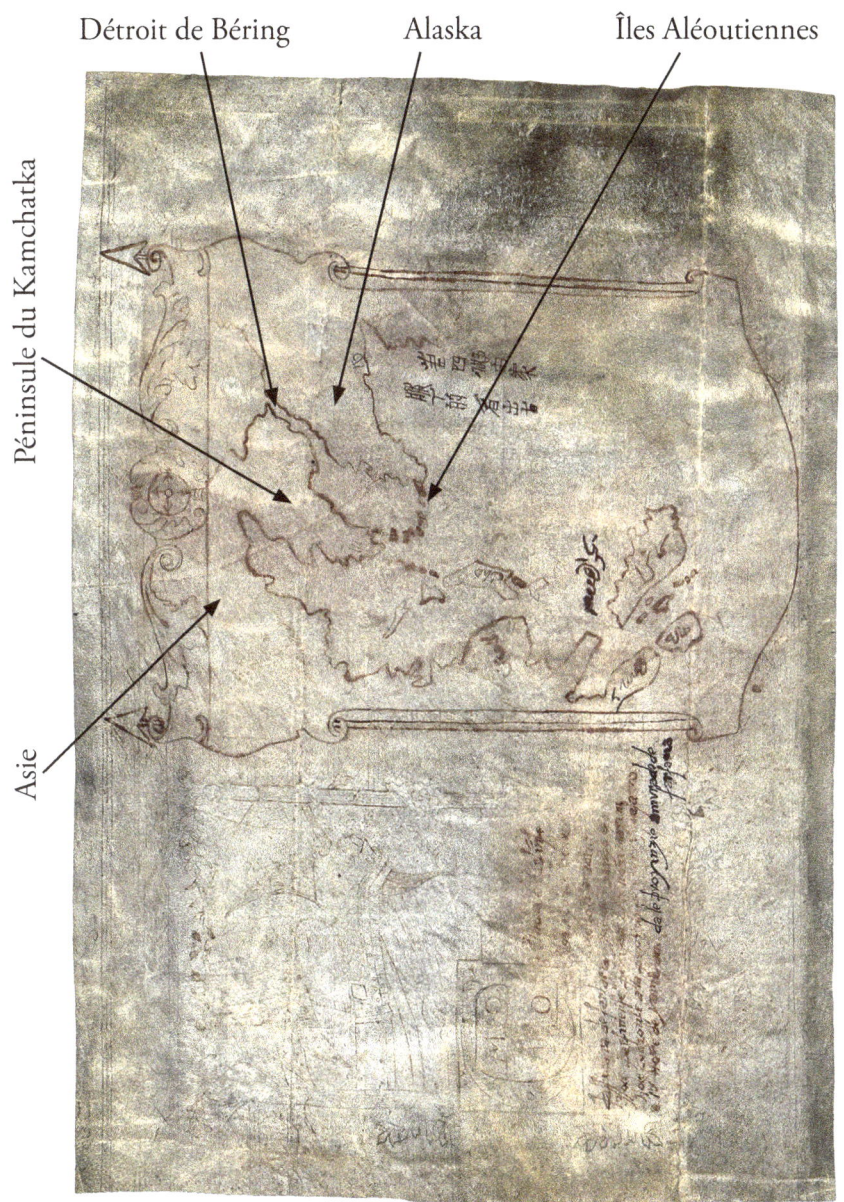

Exemple de portulan
(XIVᵉ siècle)

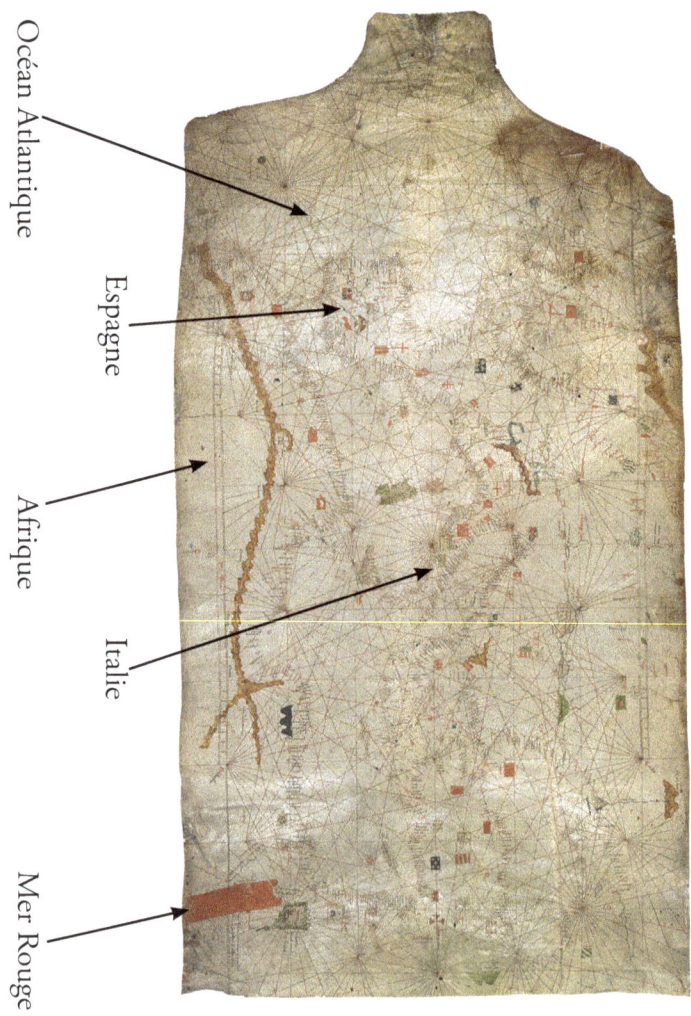

Chapitre 6

Les portulans précolombiens

C'est bien avant l'arrivée de Christophe Colomb en Amérique que commencent à apparaître les portulans, des cartes marines servant à la navigation. Ils localisent les ports, les dangers qui les entourent, les courants, les vents... Les tracés des côtes sont figurés par des noms. L'exactitude de ces cartes est surprenante pour l'époque. Les grands royaumes maritimes comme l'Espagne et le Portugal considèrent les portulans comme des secrets d'État. C'est d'autant plus compréhensible que commencent à y apparaître à l'ouest de l'Atlantique des îles censées, selon l'histoire officielle, ne pas avoir encore été découvertes.

Comme ces anomalies contredisent sérieusement le dogme de la découverte de l'Amérique par Christophe Colomb, les historiens patentés parlent aujourd'hui d'îles « imaginées », « fantasmées », « fantômes » et autres qualificatifs du même genre. C'est faire fi des cartes dessinées à partir du moine Beatus (VIIIe siècle et suivants) et, évidemment, des textes et des cartes arabes, que nous avons présentés dans le premier chapitre.

On nous objectera probablement que l'Occident n'a pas connaissance des cartes arabes du xe siècle. C'est possible, mais c'est oublier la longue présence des croisés et autres Chevaliers du Temple de l'autre côté de la Méditerranée, ainsi que tous les échanges qui conduisent à diffuser la science arabe en Europe, dont l'algèbre avec les chiffres… arabes, sans parler de la présence musulmane en Espagne jusqu'au xve siècle.

C'est oublier aussi les voyages sur l'Atlantique, comme celui du moine irlandais saint Brendan de Clonfert, vers 544-545. De retour en Irlande, il déclare avoir découvert une île, qu'il compare au paradis. Aujourd'hui l'on pense qu'il a atteint les Açores, voire les Antilles ou Cuba. Apparaît ensuite régulièrement sur les cartes « l'île de Brendan » ou « de Saint Brendan », au moins jusqu'à celle de 1570 d'Abraham Ortelius, géographe et cartographe d'Anvers.

I. Le Brésil
1) Angelino Dulcert

L'un des portulans les plus anciens que nous ayons conservés est dessiné par le cartographe espagnol Angelino Dulcert en 1339.

Les tracés sont assez précis, les latitudes exactes et les longitudes étonnamment justes pour l'époque. Mais, plus surprenant encore, il y mentionne une île nommée « Brasil », au large de l'Irlande.

Tout au sud de l'Atlantique, il ajoute l'île de Brendan.

2) Les frères Pizzigani

Environ trente ans plus tard, en 1367, l'île du « Brazir » apparaît sur la carte des frères Domenico et Francisco Pizzigani, cartographes vénitiens. Elle y est même mentionnée à trois endroits différents :

Cette carte donne l'impression que les frères Pizzigani recueillirent des témoignages de marins leur ayant situé le « Brésil » en différentes localisations, mais comme ils ne peuvent imaginer qu'il s'agisse d'un continent, alors ils positionnent des îles aux endroits correspondants. Cela signifierait évidemment que la traversée de l'Atlantique a eu lieu au moins 125 années avant Christophe Colomb. Ils ont même ajouté l'île de Saint Brendan.

Sur ce passage de la carte autour de l'« Insula de Brazir », il est question de dragons attaquant les hommes. Manifestement, certains ne souhaitaient pas que tout le monde visite cette partie de l'Atlantique et ses richesses…

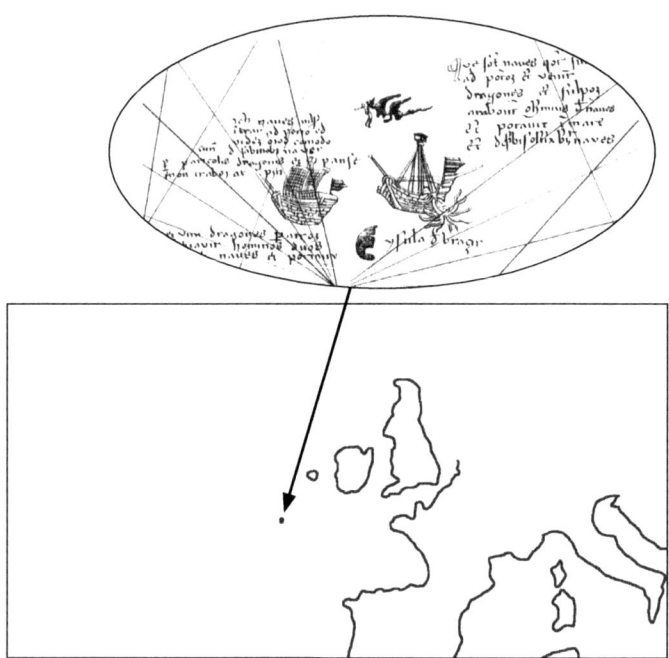

3) L'Atlas catalan

Huit ans plus tard, en 1375, sur le magnifique Atlas catalan d'Abraham Cresques, cartographe de l'école de Majorque, l'île du Brésil ou « Insula de Brazil » apparaît de nouveau dans l'océan Atlantique, à deux endroits :

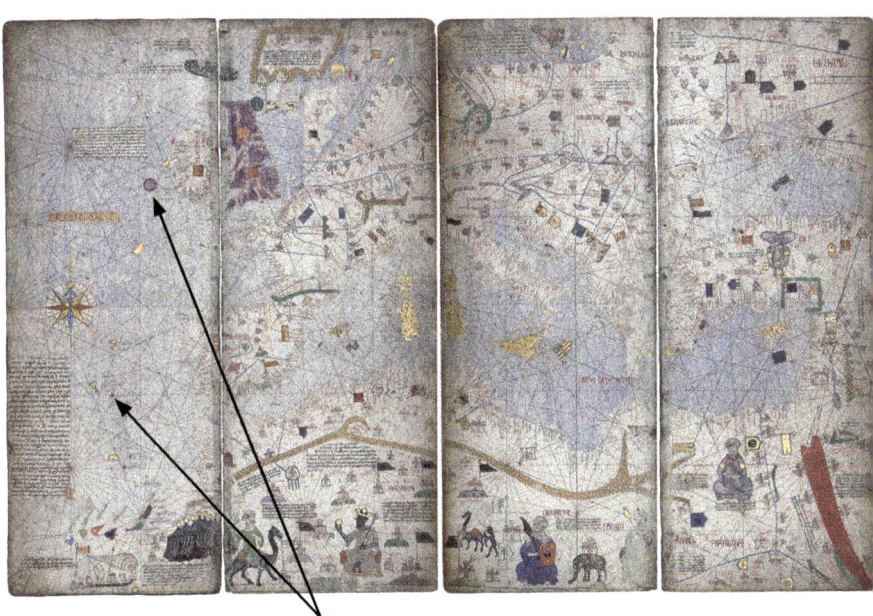

Insula de Brazil

4) Guillem Soler

Nous ne savons pas grand chose de lui, si ce n'est qu'il fut chrétien et cartographe de l'école de Majorque, comme Angelino Dulcert et Abraham Cresques. Il dessine ce portulan en 1380 :

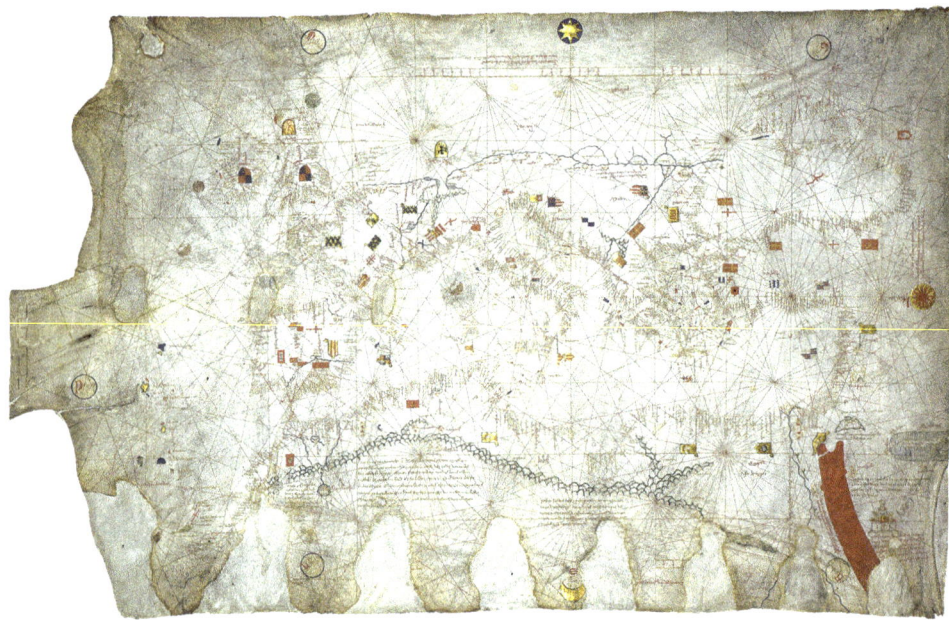

Notre attention est attirée par toutes les îles qu'il dessine dans l'océan Atlantique.

La mention « Insulae de Brazir » figure à trois endroits sur la carte, comme sur celle des frères Pizzigani de 1367 :

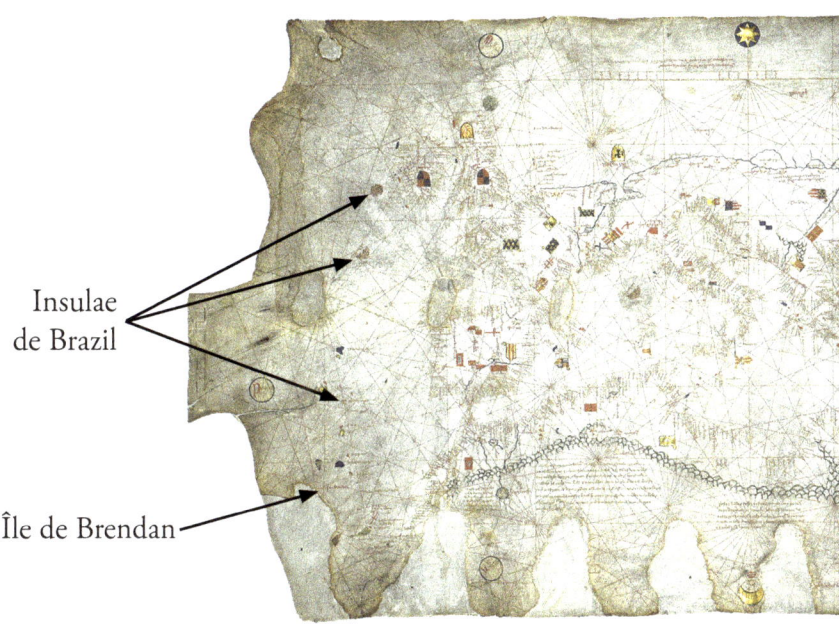

Insulae de Brazil

Île de Brendan

Il ajoute aussi la mention de l'île de Brendan, mais elle n'est pas visible, car la carte semble détériorée à cet endroit (nous la positionnons là où figure l'inscription).

5) D'autres apparitions du « Brésil »

Signalons que le « Brésil » figure aussi sur d'autres cartes que celles des cartographes de l'école de Majorque bien avant Christophe Colomb. Par exemple, sur l'Atlas Corbitis, composé à Venise un siècle plut tôt, vers 1390 :

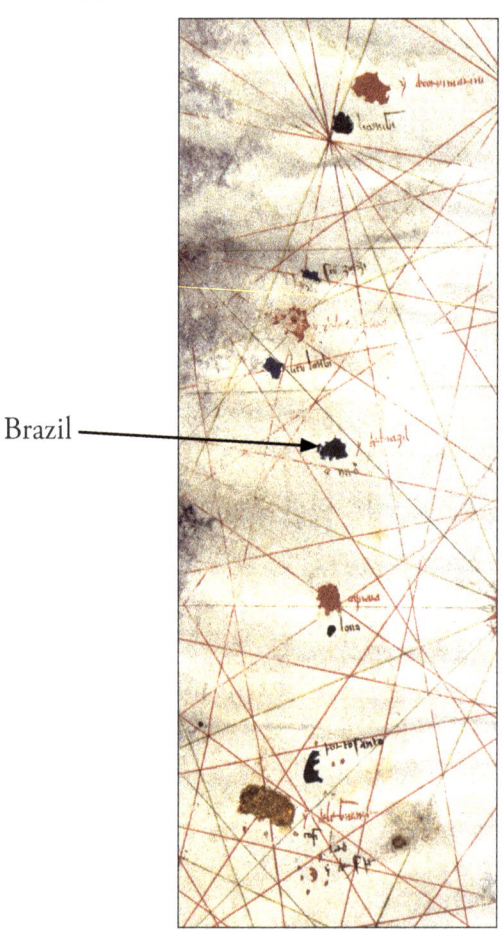

Brazil

Les décennies passent et le « Brésil » continue d'apparaître sur les cartes de l'école de Majorque, comme celle de Mecia de Viladestes, datée de 1413. Lui aussi dessine deux fois l'île du Brésil, au large de l'Irlande et au sud dans l'Atlantique :

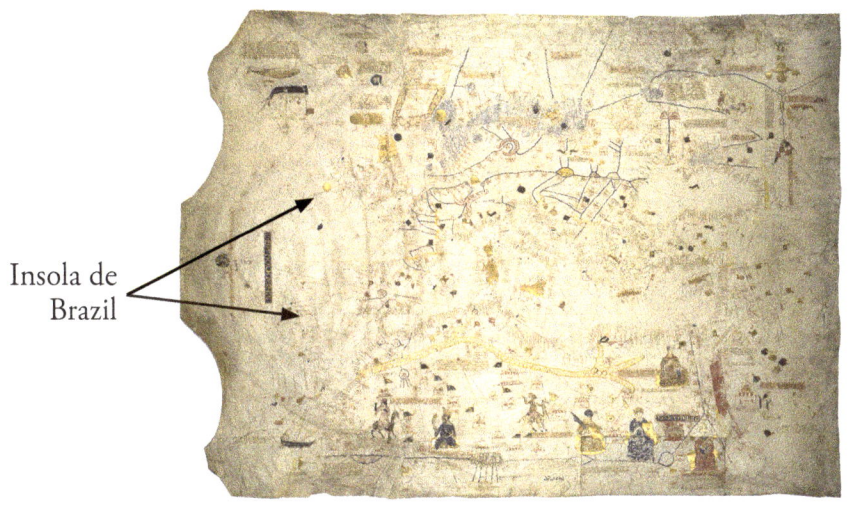

Insola de Brazil

En attendant que les experts se soient mis d'accord entre eux sur son authenticité, il faut y ajouter la carte viking du XIIIᵉ siècle, où figure l'île de « Branziliæ », ainsi que nous l'avons montré au chapitre précédent.

Les lecteurs souhaitant approfondir la question peuvent partir à la recherche du « Brésil » sur tous les portulans précolombiens. C'est d'ailleurs un vrai jeu de piste.

II. L'Afrique et l'Australie

Albertin de Virga, cartographe vénitien, dessine entre 1411 et 1415 une carte sur un parchemin de 70 par 44 cm. Le monde apparaît sous une forme circulaire marquée.

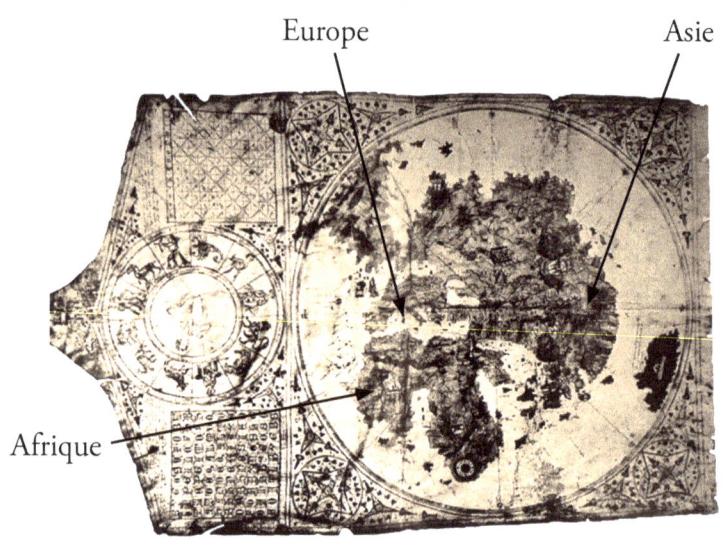

Cette carte pose question. Premièrement, le contour de l'Afrique est assez bien figuré, surtout la moitié sud du continent, pourtant inconnue des Européens à l'époque. En effet, il faut attendre encore soixante-dix ans avant que Bartolomeu Dias double le cap de Bonne-Espérance pour la première fois et atteigne la côte est de l'Afrique. Donc si l'on se fie à la chronologie officielle, il est impossible de représenter l'Afrique aussi précisément à cette époque.

Ensuite, Albertin de Virga ajoute une grande île à l'aplomb de l'Asie, à l'est de sa carte.
Elle fait évidemment penser à l'Australie :

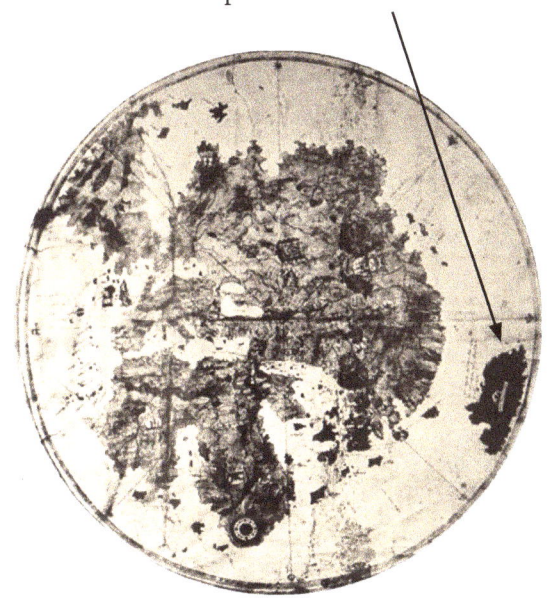

Ajoutons une représentation satellite pour comparer et faisons pivoter la carte :

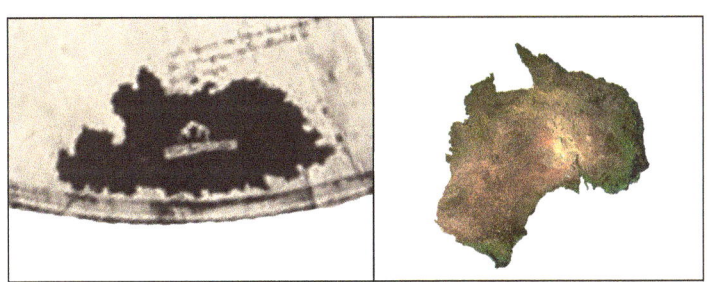

Il ne fait guère de doute que c'est l'Australie qui est dessinée. C'est encore plus flagrant si nous ajoutons l'arrondi de la Terre sur la photo satellite, comme sur la carte d'Albertin de Virga :

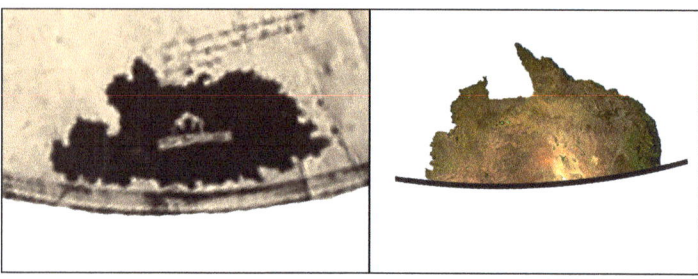

Pourtant, l'Australie ne sera découverte officiellement par les Européens que dans… deux siècles, en 1606, par le navigateur hollandais Willem Janszoon.
Plusieurs auteurs toutefois avancent l'hypothèse que les Portugais furent les premiers Européens à accoster en Australie, et ce dès 1520. Elle apparaît d'ailleurs sur les cartes de l'école de cartographie de Dieppe à partir de 1540, donc au moins soixante ans avant le débarquement de 1606.
Or, c'est plus d'un siècle avant l'arrivée supposée des Portugais en 1520 qu'Albertin de Virga la dessine sur sa carte. Par quel miracle inexplicable peut-il en connaître l'existence et la forme dès 1415 ?

III. Les Antilles

Comme pour le Brésil, le nom « Antilla » apparaît sur de nombreux portulans précolombiens. Ainsi, Jerald Fritzinger, dans son livre *Pre-Columbian Trans-Oceanic Contact*[5], en recense une vingtaine :

Cartes d'avant 1492 portant la mention « Antilia »	
Zuane Pizzigano	1424
Battista Beccario	1435
Andrea Bianco	1436
Bartolomeo Pareto	1455
Carte de Weimar	Vers 1460
Grazioso Benincasa	1463
Petrus Roselli	1463
Petrus Roselli	1466
Petrus Roselli	1468
Grazioso Benincasa	1470
Paolo Toscanelli	1474
Cristoforo Soligo	Vers 1475
Andrea Benincasa	1476
Albino de Canepa	1480
Grazioso Benincasa	1482
Jacme Bertran	1482
Carte anonyme de Majorque	1487
Albino de Canepa	1489
Martin Behaim / "Erdapfel"	1491-1493

---

5. *Pre-Columbian Trans-Oceanic Contact*, Jerald Fritzinger, Lulu.com, 03/2016.

Pour les historiens officiels, « Antilla » ne doit pas être comprise comme les Antilles actuelles, mais comme « îles avant » ou « de devant le monde connu ». Malgré leur interprétation, cela prouve que l'on savait dès le Moyen Âge qu'il existait une ou plutôt des îles dans l'Atlantique au-delà des Açores. À ce stade, peu importe d'ailleurs de savoir s'il s'agit des Antilles, de Cuba et même du Brésil, puisque, de toute façon, les Arabes avaient représenté le continent américain au moins cinq siècles avant les Européens.

Présentons quelques-uns de ces portulans où figure Antilia. Le plus ancien connu est celui de Zuane Pizzigano, un cartographe vénitien du XVe siècle. Il est daté de 1424 et présente des îles à l'ouest dans l'Atlantique, dont Antilia :

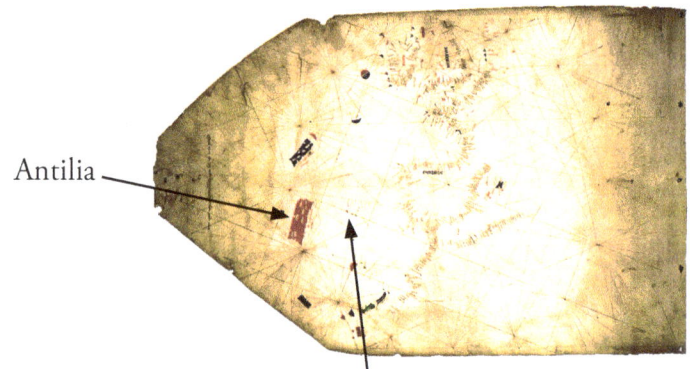

Il est également étrange que soit représenté ce qui ressemble à l'archipel des Açores, qui est pourtant supposé découvert par les Portugais seulement quelques années plus tard.

Antilia continue d'apparaître sur d'autres cartes, comme ici sur celle de Bartolomeo Pareto en 1455 :

Puis sur celle de Grazioso Benincasa en 1476. Il ajoute même l'île du Bracil :

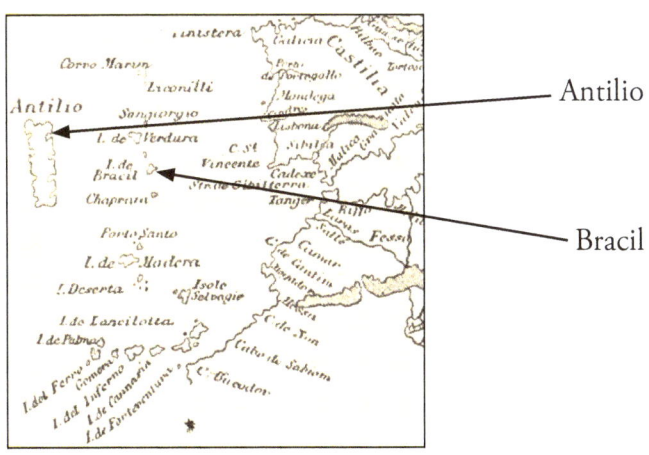

Martin Behaim est un navigateur allemand né à Nuremberg en 1459. Il construit entre 1491 et 1493 un globe terrestre, appelé « Erdapfel », mesurant cinquante centimètres de diamètre, dont voici la représentation :

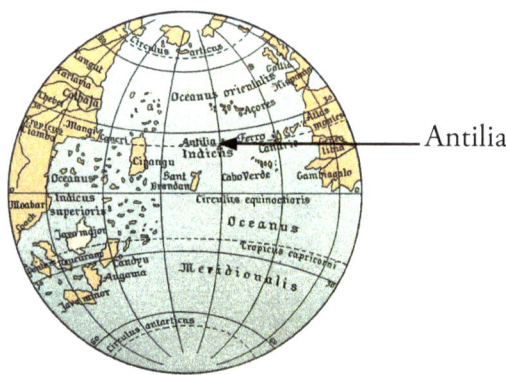
Antilia

L'image montre clairement que Martin Behaim ne connaît pas la découverte du Nouveau monde, puisqu'il n'y figure pas. À gauche, il y a l'Asie, à droite, l'Europe et l'Afrique.
De nouveau, apparaît très à l'ouest de l'Afrique, presque au centre de l'océan, une île du nom d'Antilia. Saint Brendan figure plus au sud, à l'est du Japon, appelé « Cipangu ».

Puis arrive 1492 et Christophe Colomb. Il est difficile de croire qu'il n'a jamais entendu parler des îles des Antilles, du Brésil et de Saint Brendan avant son voyage, alors qu'elles apparaissent sur les cartes occidentales depuis plus d'un siècle et demi, sans parler des cartes arabes.

Chapitre 7

Après la découverte du Nouveau Monde

Ça y est, l'Amérique est officiellement découverte, pourtant, les anomalies vont continuer, ainsi que nous allons le constater.

1) Piri Reis
Commençons par la carte sans doute la plus connue aujourd'hui, à savoir celle de l'amiral turc Piri Reis, dessinée en 1513, mais retrouvée à Istanbul seulement en 1929

Cette carte est devenue célèbre, car beaucoup y voient des informations qui ne sont pas censées être connues à l'époque. Selon eux, ce serait même la preuve de l'existence de civilisations anciennes très avancées ou de la visite d'extraterrestres. Ainsi, la carte décrirait une partie de l'Antarctique. Qu'est-ce qui permet une telle conclusion ? Certes, l'Amérique du Sud continue vers l'est, mais cela ne peut suffire pour affirmer qu'il s'agit de l'Antarctique.

L'Antarctique, réellement ?

De plus, si le savoir provenait d'une civilisation supérieure, l'éloignement entre les deux continents serait forcément visible, puisque près de mille kilomètres les séparent :

En comparant la carte de Piri Reis avec d'autres cartes contemporaines ou postérieures comme celles de Gerardus Mercator datant de 1596, nous constatons le même type d'erreur :

Il en est de même pour l'Amérique du Nord et l'Amérique centrale, dont la représentation par Piri Reis est tellement erronée que nous ne pouvons imaginer que la source provienne d'êtres supérieurs ou que la carte soit l'image de la Terre vue du ciel, comme nous avons pu le lire :

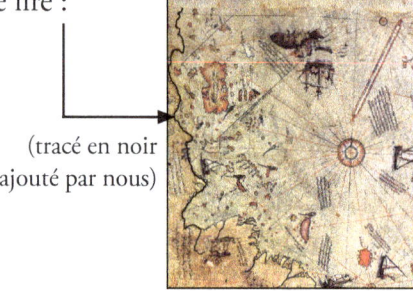

(tracé en noir ajouté par nous)

Pourtant, elle présente un mystère. C'est le journaliste et écrivain espagnol Javier Sierra qui le révèle dans son livre *La ruta prohibida*. En 2002, il obtient du gouvernement turc l'autorisation exceptionnelle de voir la carte de Piri Reis.

La spécialiste qui l'accompagne lui traduit les inscriptions en turc ancien. L'un des textes dit que les Antilles furent découvertes en l'année 890 du calendrier arabe par un Génois du nom de Colomb.

Or, 890 dans le calendrier arabe correspond à 1485, soit sept ans **avant** le voyage officiel de Christophe Colomb. Et Piri Reis ajoute qu'il tient ces informations d'un prisonnier espagnol qui accompagna Christophe Colomb dans ses trois premiers voyages.

Peut-être s'agit-il d'une erreur de date ? Il est impossible de le savoir.

De plus, Piri Reis précise s'être servi d'une vingtaine de cartes pour dessiner la sienne, dont certaines remontaient à l'Antiquité. Elles ont toutes disparu depuis. Or, il a lui-même dessiné de nombreuses cartes de la Méditerranée, qu'il connaît parfaitement : il n'a donc pas besoin de carte datant de l'Antiquité pour la dessiner.

Alors, l'une d'elles représentait-elle déjà les côtes de l'Amérique ? Malheureusement, nous ne le saurons sans doute jamais.

2) Juan de la Cosa

Explorateur et cartographe espagnol, il participe à la découverte du Nouveau Monde aux côtés de Christophe Colomb, car il est le propriétaire de la *Santa Maria*, le navire principal de la première expédition en 1492. C'est donc en tant que témoin direct qu'il dessine cette carte en 1500. Les historiens considèrent aujourd'hui qu'elle est la première représentation de l'Amérique, immense, à l'ouest.

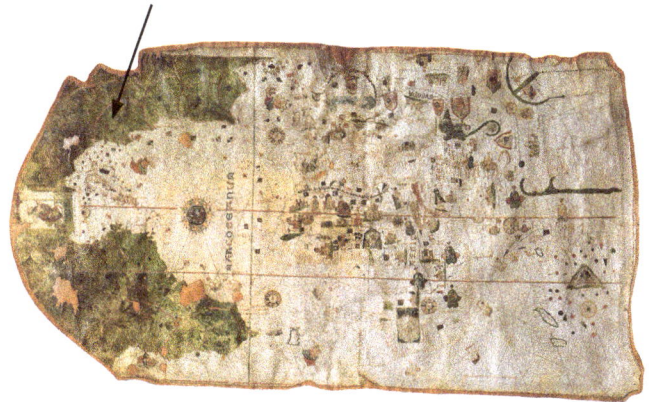

Ce qui est étrange, c'est que Juan de la Cosa semble représenter Cuba comme une île, alors qu'elle était considérée par Christophe Colomb comme faisant partie du continent. De plus, le premier tour complet de Cuba ne sera effectué qu'en 1508, soit huit ans plus tard.

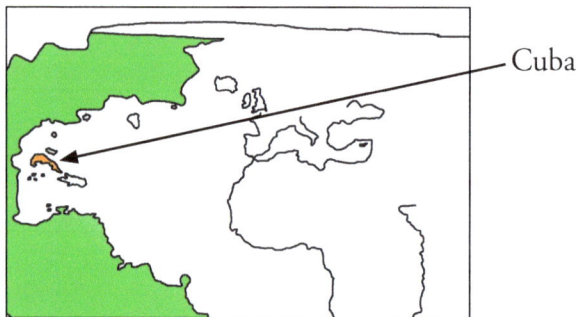

Et Bartolomeo Colomb, l'un des frères de Christophe Colomb, fait dessiner six ans plus tard, en 1506, une carte sur laquelle Cuba est absente :

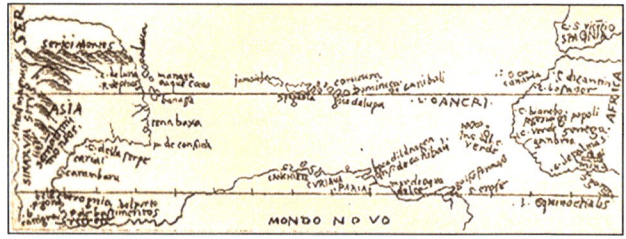

Le monde nouveau correspond à l'Amérique du Sud, la partie nord du continent appartient à l'Asie. C'est logique, puisque Christophe Colomb pensait être arrivé aux Indes et ne savait pas qu'il était en Amérique.

3) Pedro Reinel

Cartographe portugais né en 1462, il produit une carte étonnante en 1504. Certes, il connaît la découverte du Nouveau Monde, mais il le place trop au nord par rapport à ce qui est connu à l'époque :

Afrique

En revanche, il ajoute l'île du « Brasil », au large de l'Irlande. Ainsi, douze ans après le voyage de Christophe Colomb, le lien n'est pas encore établi entre l'Amérique du Sud et cette mystérieuse île du Brésil qui apparaît sur les cartes depuis presque deux siècles.

En revanche, huit ans plus tard, en 1512, Hieronymus Marini, architecte et ingénieur militaire italien, a compris : il dessine ce qui est considéré, à tort toutefois, ainsi que nous l'avons montré précédemment, comme la première carte portant la mention « Brasil ».

4) Martin Waldseemüller

Il publie en 1507 une carte du monde exceptionnelle à plus d'un titre. Déjà, par sa taille : elle mesure 2,30 mètres sur 1,3 mètre et nécessite d'assembler douze feuilles.

Elle l'est aussi par l'effet sphérique de la représentation de la Terre.

Ensuite, c'est sur cette carte de Martin Waldseemüller qu'apparaît pour la première fois le nom d'« Amérique ». C'est un hommage au navigateur Amerigo Vespucci, qui naviga suffisamment loin vers le sud pour conclure que ce continent n'était pas l'Asie.

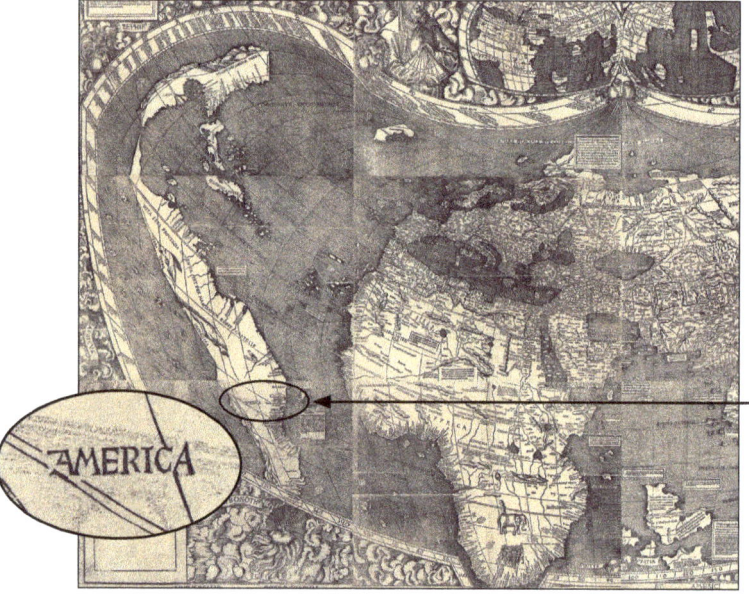

En revanche, ce qui est évident de nos jours mais impossible en 1507, c'est de représenter le nouveau continent séparé de l'Asie. En effet, il faut attendre encore six ans et 1513 avant que l'Espagnol Vasco Nuñez de Balboa soit le premier Européen à découvrir l'océan Pacifique, qu'il nomme « mer du Sud », treize ans avant que Magellan contourne la pointe sud pour rejoindre le Pacifique, et jusqu'à 1741, soit plus de deux siècles plus tard, pour que Vitus Bering découvre le détroit qui porte son nom, prouvant ainsi que les continents américain et asiatique sont séparés.

Et, en page 82, nous avons vu la carte que Bartolomeo Colomb a fait réaliser en 1506, soit l'année juste avant que Martin Waldseemüller livre la sienne : seule l'Amérique du Sud est appelée « Nouveau Monde », la partie nord du continent étant l'Asie. Pourtant, Bartolomeo Colomb a accompagné son frère en « Amérique », alors que Martin Waldseemüller n'y est jamais allé !

D'ailleurs, près de soixante ans plus tard, en 1565, Paolo Forlani continue de rattacher l'Asie et l'Amérique du Nord :

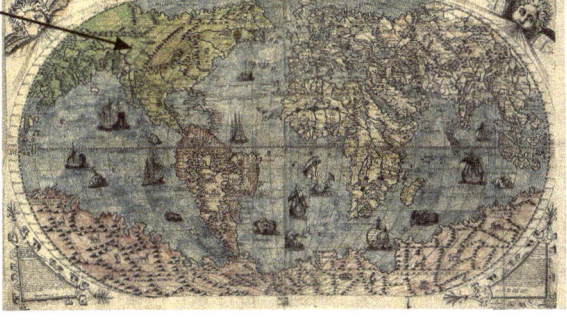

Martin Waldseemüller, lui, sépare les deux continents. Comment le sait-il ? Comment peut-il aussi avoir la connaissance que l'Amérique se compose de deux parties ? Il est en effet impossible de la dessiner par le seul fait du hasard ou de l'imagination. Puisqu'il est resté en France et n'a pas traversé l'océan, de quelle source disparue aujourd'hui s'est-il inspiré ? Quelle qu'elle soit, le tour complet du continent avait manifestement déjà été effectué. Mais par qui ? Et à quelle époque ?

Certes, l'Amérique du Nord, désignée par la mention « *Terra ulteri incognita* » signifiant « terre lointaine inconnue », est de dimension réduite, mais ce qui est étrange, c'est que Martin Waldseemüller dessine des montages sur la bordure ouest du continent, comme s'il connaissait l'existence des Montagnes Rocheuses. La coïncidence semble impossible. En effet, pourquoi représenter des montagnes à l'ouest et pas à l'est ou au milieu, ou même partout ou pas du tout ? Faut-il rappeler qu'aucun Occidental en 1507 n'est censé avoir déjà exploré ou traversé l'Amérique ?

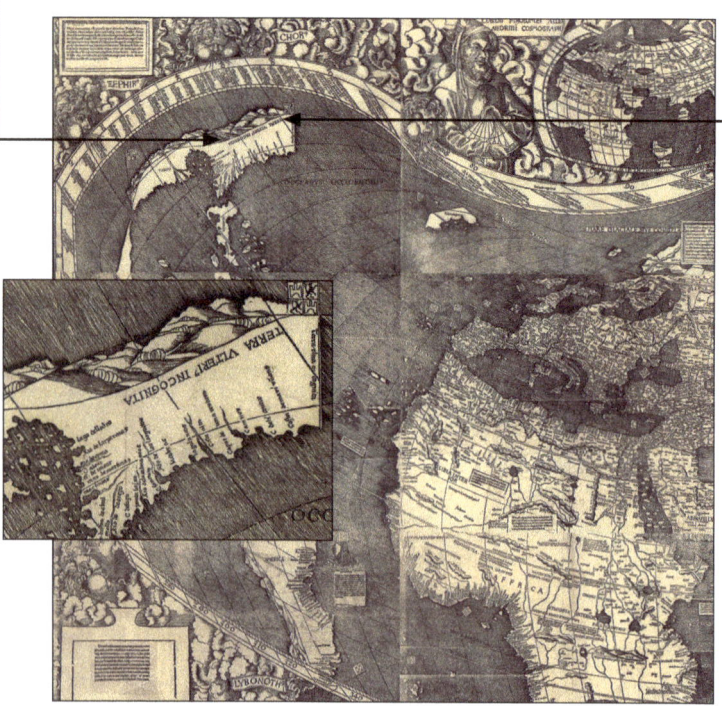

Cette mappemonde présente d'autres mystères. Le premier est l'Inde, qui ne ressemble pas à sa forme actuelle. À la place figure une île du nom de « Taprobana Insula », que certains considèrent comme étant Ceylan. Elle est évidemment beaucoup trop grande, et, de plus, elle est entourée d'une multitude d'îles, qui n'existent pas ou plus.

En revanche, le sud de l'Inde, au temps de l'ancienne Dravida mentionnée dans le livre sacré des Vedas, fut une île, ce qui correspondrait à la carte. Mais c'était il y a quelques... milliers d'années !

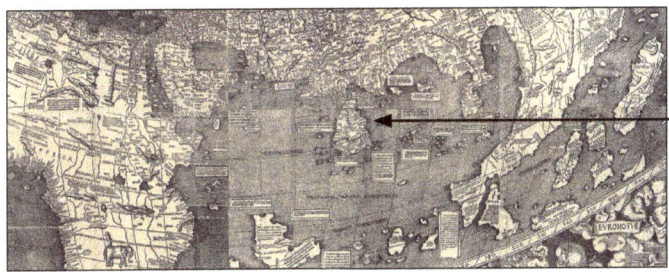

Faut-il admettre que Martin Waldseemüller, ainsi que la plupart des cartographes qui l'ont précédé depuis Ptolémée, soit depuis presque 1 500 ans, ont dessiné l'Inde telle qu'elle n'existe plus depuis des millénaires ? Comment est-ce possible ?

Elle est pourtant connue en Occident depuis au moins deux mille ans, et Vasco de Gama y est arrivé par la mer neuf ans plus tôt (1498), sans parler d'Alexandre le Grand, qui a conquis une partie de l'Inde au IVe siècle avant Jésus-Christ, ou de l'explorateur grec Scylax de Caryanda, qui, à la fin du Ve siècle avant J.C., est réputé avoir exploré l'Indus à la demande de l'empereur perse Darius Ier.

Ainsi, en 1502, le planisphère de Cantino la dessine parfaitement :

Or, quarante ans plus tard, en 1544, Battista Agnese reproduit plutôt bien le monde, y compris l'Amérique, mais pas l'Inde, malgré qu'elle soit connue et explorée depuis longtemps... Comment est-ce possible ?

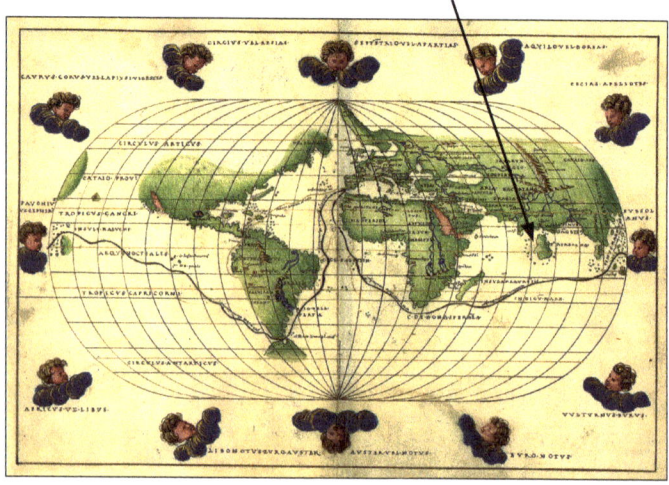

Donc, résumons : Martin Waldseemüller dessine en 1507 l'Amérique, qui est censée n'avoir été explorée ni même contournée par personne, et l'Inde telle qu'elle a disparu sans doute depuis des milliers d'années...

Les deux sont impossibles à son époque. Alors soit l'histoire des découvertes est fausse, ce que laissent supposer de toute façon les textes et cartes arabes que nous avons présentés, soit Martin Waldseemüller a eu en sa possession une carte provenant de la nuit des temps... Évidemment, cela paraît inimaginable, car cela signifierait que l'histoire officielle de l'humanité est fausse.

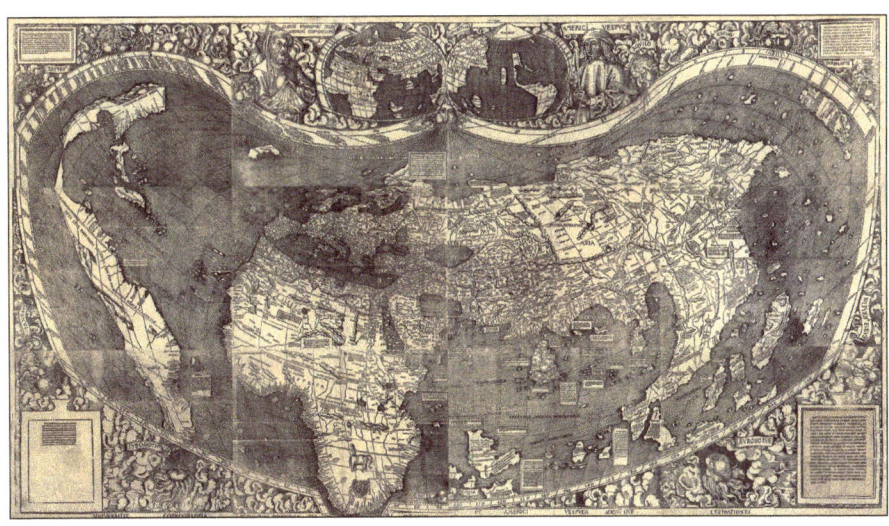

Nous n'en avons toutefois pas fini avec les mystères de cette carte. Poursuivons le voyage. Là, figure le golfe du Bengale, appelé « Sinus Gangeticus », dans lequel se jette le Gange. De l'autre côté du golfe du Bengale commence l'Asie du Sud-Est, puis la péninsule Malaise, appelée « Aurea Chersones ».

Ici, la mer de Chine méridionale, avec la péninsule Indochinoise.

Ce fleuve serait le Mékong, étonnamment bien dessiné.

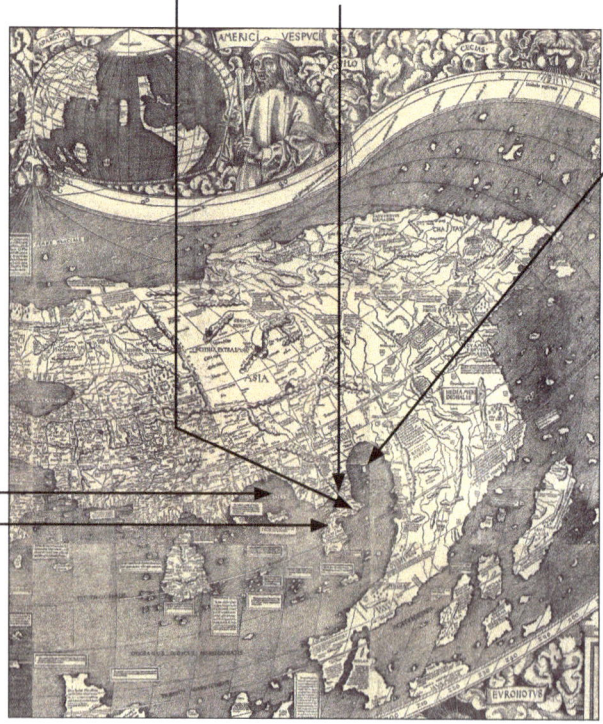

À l'est, nous arrivons au Sinus Magnus, qui correspond alors à l'océan Pacifique. Or, de l'autre côté, Martin Waldseemüller agrandit encore l'Asie, puisqu'il ajoute de nouvelles terres... Mais qu'y a-t-il à l'est de l'océan Pacifique ? L'Amérique, évidemment ! Il l'a donc représentée une deuxième fois sur sa carte.

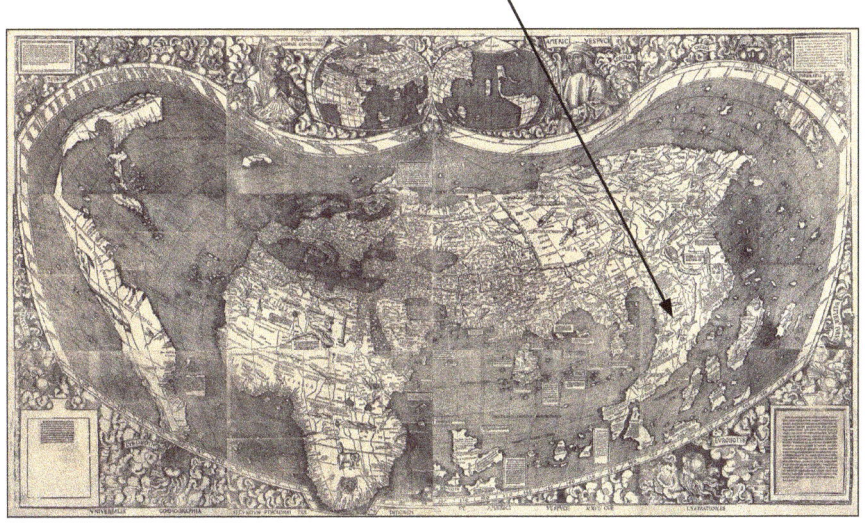

Tout aussi étonnant, il donne à l'Amérique, la « vraie », un effet de perspective, comme si elle était vue du ciel depuis l'hémisphère Nord.
Comment Martin Waldseemüller peut-il connaître la forme de l'Amérique du Sud ? De nouveau, de quelle(s) carte(s) s'est-il inspiré ?

Peut-être de celle d'Heinrich Hammer, dit « Henricus Martellus Germanus », géographe et cartographe de Nuremberg travaillant alors à Florence ? Elle date de 1490-1492, elle est donc antérieure d'une quinzaine d'années. C'est d'ailleurs l'une des dernières cartes connues réalisées avant le premier voyage de Christophe Colomb. Elle serait une énième représentation du monde de l'époque si on ne la regardait pas attentivement.

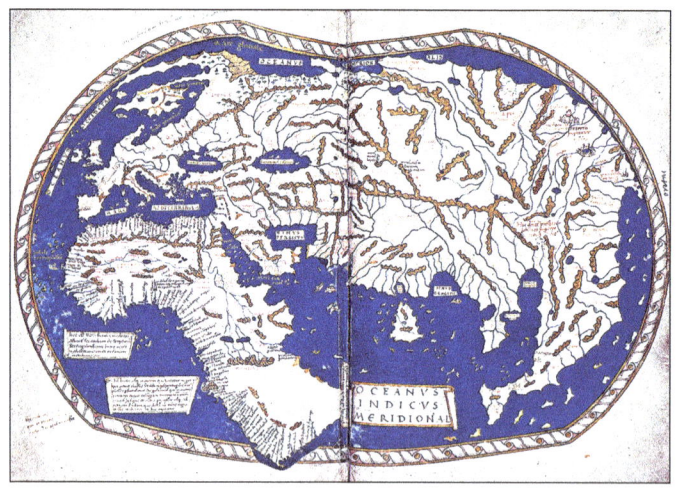

Comme sur celle de Martin Waldseemüller, sont représentés le golfe du Bengale ou « Sinus Gangeticus », avec le Gange, puis le « Sinus Magnus ».
Nous aurions alors l'Amérique du Sud à l'est !

Un autre élément viendrait confirmer qu'il s'agirait de l'Amérique du Sud : tous les fleuves situés à l'est du continent correspondent assez précisément aux fleuves d'aujourd'hui, alors que les fleuves d'Asie ne présentent pas du tout la même configuration.

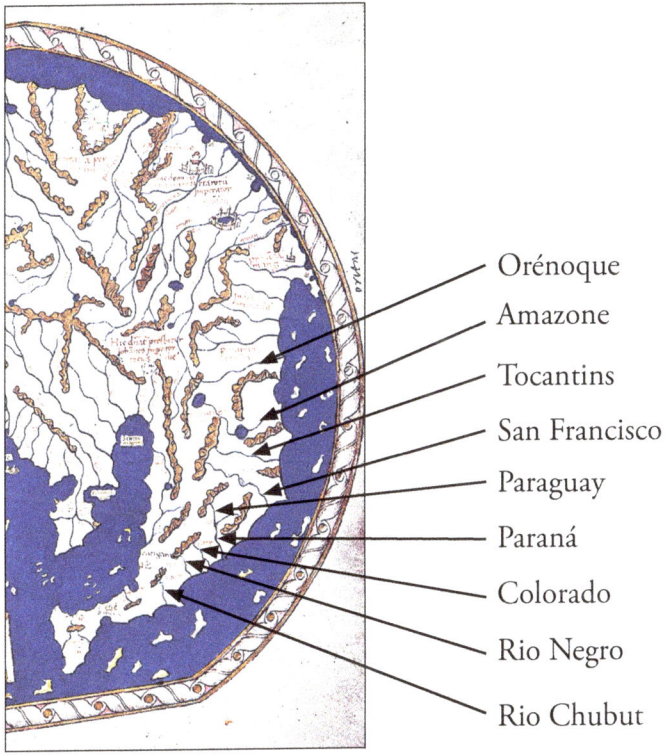

- Orénoque
- Amazone
- Tocantins
- San Francisco
- Paraguay
- Paraná
- Colorado
- Rio Negro
- Rio Chubut

De nouveau, comment Henricus Martellus peut-il connaître l'Amérique du Sud avant sa découverte ?

C'est peut-être la carte d'Andreas Walsperger, moine bénédictin et cartographe allemand du xve siècle, qui donne la réponse. Dessinée quarante ans plus tôt, vers 1450, elle est représentée sur le modèle arabe, c'est-à-dire le sud en haut. Présentons-la dans le sens nord-sud :

La zone à l'est ressemble au continent américain, avec ici la partie sud.

Cette bande de terre pourrait figurer la Basse-Californie.

Cette île correspondrait au Japon...

Mais la Sibérie et l'Alaska seraient reliés, comme au temps où l'on passait à pied de l'Amérique à l'Asie. À l'époque, la mer était plus basse de cent mètres environ et le détroit de Bering n'existait pas encore. Mais c'était il y a au moins... 12 000 ans.
Est-il raisonnable de penser qu'Andreas Walsperger a pu représenter le monde tel qu'il existait il y a 12 000 ans ?

Martin Waldseemüller
(portrait peint par Gaston Save
pour décorer l'ancien théâtre de
Saint-Dié-des-Vosges, aujourd'hui disparu)
Source : Wikimedia Commons

Chapitre 8

L'Antarctique

Nous l'avons déjà mentionné, ce continent est déclaré officiellement comme ayant été aperçu – « aperçu », pas même exploré – pour la première fois en 1820. Or, deux cartes françaises du XVIe siècle remettent totalement en question la chronologie officielle.

1) Oronce Finé
Mathématicien, astronome et cartographe français, il vécut de 1494 à 1555. Réputé pour avoir réalisé la première carte imprimée de France, il dessine cette carte du globe en 1531, l'année où il est appointé à la chaire de mathématiques du Collège royal, le futur Collège de France :

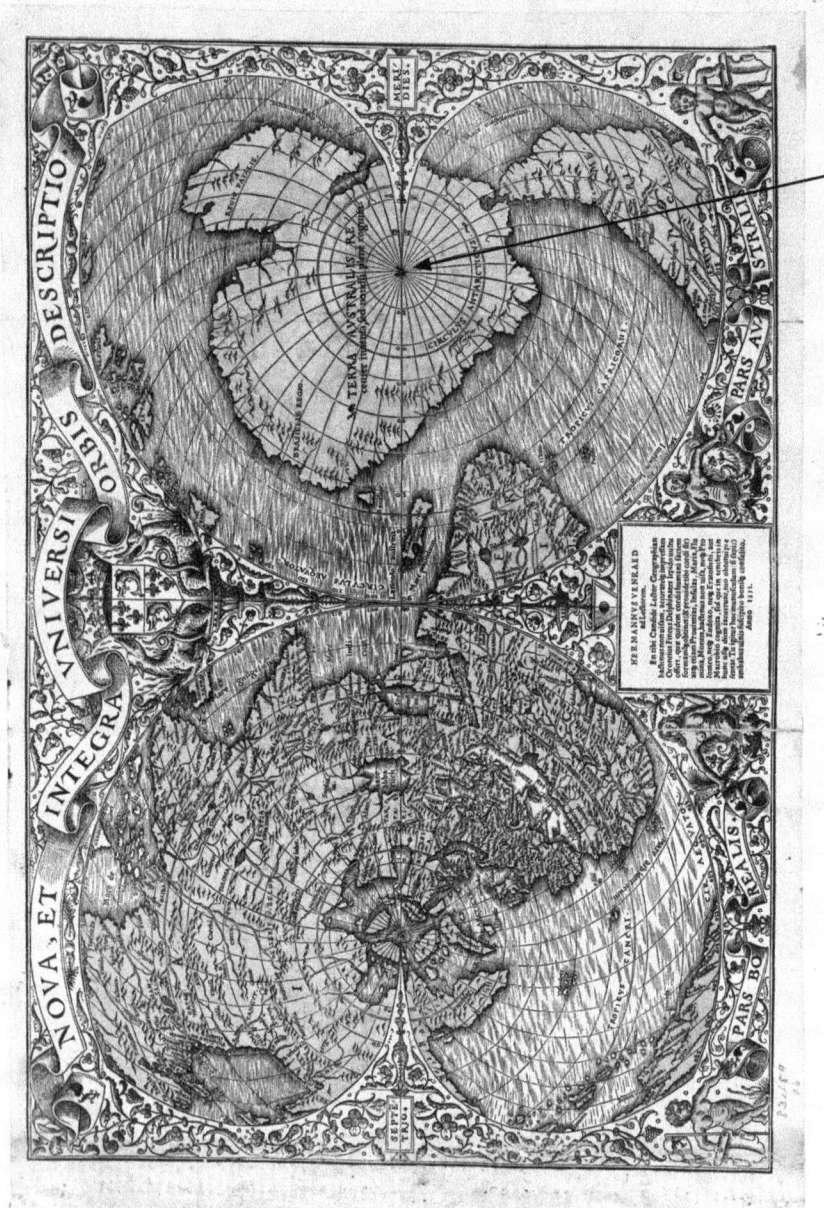

Ce qui frappe d'emblée, c'est l'importance sur la droite de la carte de l'Antarctique, appelé « Terra Australis ». En comparant avec une photo satellite, nous constatons que les tracés sont proches. Comment Oronce Finé peut-il dessiner un continent qu'il est censé ne pas pouvoir connaître puisqu'il ne sera officiellement vu pour la première fois qu'en 1820, soit trois siècles plus tard ?

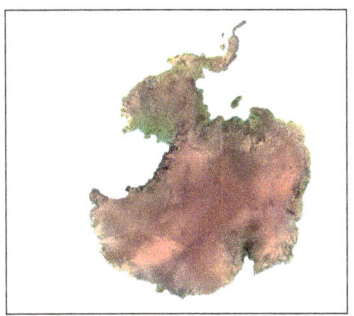

De plus, il ajoute des montagnes et des rivières. Or, les recherches scientifiques ont confirmé que de grands fleuves ont coulé en Antarctique mais ont disparu il y a des millénaires, depuis qu'il est enfoui sous la glace.
Oronce Finé aurait donc représenté le continent tel qu'il existait des milliers d'années auparavant et comme aucun être humain n'est censé l'avoir jamais vu. Comment est-ce possible ?
Il a pu toutefois dessiner des fleuves et des montagnes parce qu'il ignorait que l'Antarctique est recouvert par la glace puisque, de toute façon, il n'y est pas allé.

Peut-être est-ce l'Australie qu'il a représentée ? Effectivement, les formes sont proches, mais la position ne correspond pas. Et Oronce Finé a ajouté la mention « cercle antarctique ». Il n'y a donc pas d'ambiguïté.

La carte d'Oronce Finé reste bien mystérieuse.

2) Jacques de Vaulx

Tout autant que celle provenant du très beau livre *Les Premières Œuvres de Jacques de Vaulx Pilote pour le Roy en la Marine* datant de 1583. Sur cette carte est représentée la terre australe, également dénommée « Antarctique ». Ce n'est donc pas l'Australie.

Le tracé ressemble à celui d'Oronce Finé, mais leurs différences témoignent que les sources ne sont pas les mêmes :

Cercle antarctique

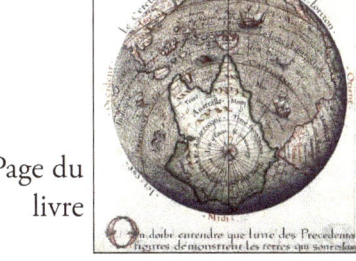

Page du livre

Ce qui est plus étonnant encore, c'est que Jacques de Vaulx ajoute la mention incroyable « Région des glaces ». Comment peut-il savoir que l'Antarctique est sous la glace près de deux siècles et demi avant sa découverte ?
De plus, la carte semble indiquer qu'une partie seulement du continent est sous la glace, ce qui paraît plus incroyable encore, puisqu'il est censé en être entièrement recouvert depuis plus de 10 000 ans.

Région des glaces

Donc comment expliquer les cartes d'Oronce Finé et de Jacques de Vaulx ? Au mieux, nous pouvons imaginer qu'ils se sont inspiré de cartes plus anciennes. Nous devons alors admettre que des hommes ont visité l'Antarctique dès le XVIe siècle, peut-être même avant...
« Impossible ! », affirment les historiens modernes. La réponse d'Oronce Finé est la mention en latin qu'il a inscrite sur sa carte :

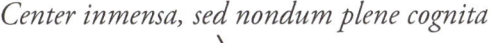
Center inmensa, sed nondum plene cognita

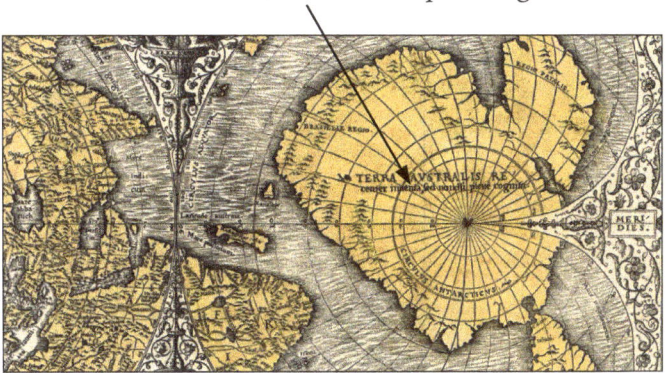

Elle signifie :

« Centre immense, mais pas encore totalement connu ».

Oui, nous avons bien lu : « pas encore **totalement connu** » !
Cela prouve sans le moindre doute qu'une partie était connue, donc que l'Antarctique avait déjà été exploré, et au minimum trois siècles avant 1820.
Mais par qui ?

Par les hommes du Moyen Âge, tandis que ce continent hostile était recouvert par la glace ? Ou par des visiteurs avant la glaciation, lorsque les fleuves coulaient encore, c'est-à-dire il y a des milliers d'années ?

Cette hypothèse implique que ces visiteurs auraient dessiné des cartes qui auraient été conservées en France au moins jusqu'au XVIᵉ siècle.

Mais qui, il y a plus de 10 000 ans, pouvait se rendre en Antarctique et le dessiner de façon précise, comme s'il était vu du ciel, en respectant la forme sphérique de la Terre ? Les hommes de la Préhistoire tels qu'on nous les présente ?

Le mystère devient plus épais encore que la couche de glace de l'Antarctique...

Oronce Finé (1494-1555)

Conclusion

À l'issue de ce voyage au cœur des cartes anciennes, une question demeure : comment tous ces cartographes à travers les siècles ont-ils pu représenter des îles et des continents censés ne pas avoir été découverts et qu'ils ne connaissaient pas ? Et, fait plus incroyable encore, de les dessiner parfois tels qu'ils n'existaient plus depuis des milliers d'années ?

Nul ne le sait. Puisqu'ils n'y sont pas allés eux-mêmes, l'hypothèse la plus probable est qu'ils disposaient de cartes anciennes. Il est impossible évidemment de connaître la source et l'époque de ces cartes. Toutes les hypothèses sont donc ouvertes. Un jour peut-être, des fouilles archéologiques permettront d'en retrouver une, comme la peinture dans la tombe 100 de Nekhen.

En attendant, le mystère des cartes anciennes reste entier. Mais nous savons désormais que nos ancêtres connaissaient mieux la planète que ce que nous croyons. Et il devient sans doute urgent de réviser nos connaissances historiques, car les cartes anciennes prouvent que l'histoire officielle de l'humanité n'est pas tout à fait exacte, pour ne pas dire « carrément fausse ».

www.ingramcontent.com/pod-product-compliance
Lightning Source LLC
LaVergne TN
LVHW051039070526
838201LV00066B/4866